凡心所向，一苇以航

高中班主任指导学生生涯规划策略谈

丁 娟◎编著

中国国际广播出版社

图书在版编目（CIP）数据

凡心所向，一苇以航：高中班主任指导学生生涯规划策略谈 / 丁娟编著 . — 北京：中国国际广播出版社，2022.5
ISBN 978-7-5078-5137-3

Ⅰ . ①凡… Ⅱ . ①丁… Ⅲ . ①高中生—职业选择Ⅳ . ① G635.5

中国版本图书馆 CIP 数据核字（2022）第 080916 号

凡心所向，一苇以航：高中班主任指导学生生涯规划策略谈

编　著	丁　娟
责任编辑	屈明飞
校　对	吴光利
装帧设计	有　森

出版发行	中国国际广播出版社有限公司 ［010-89508207（传真）］
社　址	北京市丰台区榴乡路 88 号石榴中心 2 号楼 1701 邮编：100079
印　刷	廊坊市海涛印刷有限公司

开　本	710×1000　1/16
字　数	160 千字
印　张	10.5
版　次	2022 年 5 月　北京第一版
印　次	2022 年 5 月　第一次印刷
定　价	58.00 元

版权所有　盗版必究

目 录

第一章 高中生生涯规划指导意义及现状 1
- 第一节 生涯规划的概念和高中学段生涯规划的意义 3
- 第二节 生涯规划理论和高中生生涯规划现状 8

第二章 高中生生涯规划的主要内容和指导者 17
- 第一节 高中生生涯规划指导的主要内容 19
- 第二节 高中生生涯规划的主要指导者 23
- 第三节 班主任指导学生生涯规划的特殊优势 28

第三章 高中班主任指导学生生涯规划的前期准备 33
- 第一节 帮助学生认识自我 35
- 第二节 班主任指导学生生涯规划的自身条件 47

第四章 高中生学业生涯规划 51
- 第一节 选科攻略 53
- 第二节 了解大学 65
- 第三节 特殊升学路径 76
- 第四节 志愿填报 91

第五章　校外生涯探索活动 ········· 107

  第一节　研学旅行 ············ 109
  第二节　职业体验 ············ 135
  第三节　生涯人物访谈 ·········· 151

第一章 高中生生涯规划指导意义及现状

第一节　生涯规划的概念和高中学段生涯规划的意义

生涯规划，是指在认识自己、认识环境的前提下，规划自己未来的发展。生涯规划可以简单概括为三句话："我是谁？我要到哪里去？我怎样到那里去？"其中，职业规划是生涯规划的一条主线。高中时期的生涯规划是指向大学专业和未来职业的。

让我们先来看一个真实的案例：2018年高考，李一峰考了712分，云南省排名第八，却拒绝了清华大学、北京大学的邀请，选择了四川大学的口腔专业。其实他在2015年已经参加过一次高考，由于当时对自己了解不足，对专业也知之甚少，盲选了中国科学技术大学的生物学专业，后被调剂到环境工程专业。很快他发现自己并不喜欢这个专业，但他还是认真学习，希望能够转到生物学专业。但是通过查询，他发现生物学也不是自己原来想象的那样。生物学需要的是研究型人才，李一峰觉得自己更适合操作性强的技术类专业。在勉强读到大二之后，他选择了退学。有了之前的教训，这次李一峰花了两个月的时间在网上搜寻自己喜欢的专业，最后选择了四川大学的口腔专业。我们钦佩这名学生的勇气，但他浪费的3年时光也让人觉得可惜。这是一个典型的因为"盲选"专业造成的高分考生复读的悲剧。由此可见，生涯规划对高中生来说意义重大。

凡心所向，一苇以航
高中班主任指导学生生涯规划策略谈

一、认识自己

人的一生其实是一个不断认识自己的过程，有的人甚至终其一生也没有真正地认识自己。"我是谁"是一个伟大而永恒的命题，无论是谁都可能被这个问题困扰过，继而影响到了他们的前路归处。

幼年时期，一句"我是谁"的发问可能会被一句"你是爸爸妈妈的孩子"这样的答案搪塞过去。儿童时期，"我是谁"掩藏在对外界不断的高速吸收的过程中，每一个儿童都在塑造着自己、挖掘着自己、探究着自己，慢慢形成了一个既懵懂又清晰的自己。高中时期，随着成年的临近，孩子们要将"认识自己"与"成就自己"慢慢结合，他们在思考：一个朝着怎样的方向发展的自己，才是最适合自己的形象。

因为高中学段的生涯规划主要是指向大学专业和未来职业的，所以在"认识自己"方面主要指的是进一步了解认知自己的性格特质、兴趣爱好、优势劣势、喜欢从事的职业、适合自己的生活方式，等等。

二、了解社会

不要总以为了解社会是踏入职场之后的事情。现在发达的网络资讯、高中生几乎每人都有的手机让学生对外界的了解相比他们的先辈们大大提前。固然网络信息的繁杂和混乱使得学生接触的世界并不全面更不都是美好，但毫无疑问的是孩子们对社会的了解要比上一代人早很多。这也使得他们越来越早地拥有了独立的人格和独立的思想，即使有偏颇，也不妨碍他们开始对社会的探究。因此，高中学段的生涯规划，在初始阶段，就有了学生们自我参与的意义。

现今的时代变化太快，现代的孩子也是思想更迭迅速的一代，他们可以开玩笑地在大学时就说自己"老了"，因为他们看到更年轻的孩子嘴里蹦出的新生代词汇层出不穷。老师也必须承认，自己教学生，每隔几年下来就会有更新鲜的感触，这都意味着不同的社会、不同的时代、不同的孩子需要有不一样的认识方式。

世界在孩子面前早早地打开了门，我们只有与时俱进地帮助他们更准确及时地去了解世界，才能帮他们规划好一条真正适合的路。在高中学段做生涯规划，必然会加深学生对社会的了解，继而在对社会的进一步了解之上做出更适宜自己的规划，二者是相辅相成的关系。

三、终身发展

高中学段的生涯规划不仅是指向大学阶段，更是指向人的一生。因为高中的规划，会影响到学生未来选择一所什么样的大学、学习什么样的专业，专业的限定又决定了未来职业的范围，职业的范围又决定了一个人在这一领域中发展的路径和成就。笔者相信，一个人的生涯规划，假如是他喜欢的、乐意的、初心不改的梦想，是想为之奋斗终生的事业，就不太可能出现半路转弯的情况。高中学段正确合宜的生涯规划，提高了生涯之路的稳定性，为学生的终身发展指明了方向。

当然，有人会说，生涯之路也可能存在中途易辙，毕竟学生涉世未深，而世界又确实变化太快，更何况没有人能准确预测未来几年、几十年社会会变成什么样子。现在的新兴产业出现之多、兴起之快确实令人咋舌，我们虽然不能预测将来，但如果我们知道自己想成为的模样，就不会陷入"乱花渐欲迷人眼"的迷茫无措，只会坚定地朝着自己初心向往的方向迈进。当然这也并不是排斥所有的新生事物，反而是越坚实的准备、越笃定的决心越能够不断超越，无论是传统还是新兴，都能成就不一样的自己。

以我们熟知的钟南山院士为例，出身于医学世家、学习优秀的他在年轻时曾经是一名出色的运动员，甚至后来在大学时代他还打破过第一届全运会男子400米栏的全国纪录，也就是说，在高中时代他至少曾经有两条光明的生涯之路——当一名医生或当一名运动员。钟南山院士没有选择在体育行业发展，因为有医学世家的熏染，有爱国济世的渴望，他最终考取了北京医学院（现北京大学医学部），并在毕业后留校任教。1996年5月，他当选为中国工程院院士。2003年，

凡心所向，一苇以航
高中班主任指导学生生涯规划策略谈

"非典"暴发，以钟南山为代表的医护工作者经过艰苦努力，成功抗击了"非典"，他被评为"感动中国2003年度"十大人物之一；2020年他以84岁的高龄担任了新型冠状病毒联防联控工作机制科研攻关组组长。纵观钟南山院士的履历，虽然彼时还没有生涯规划这样的说法，但他从青少年时期的生涯选择无疑为他取得的成就奠定了基础。《人民日报》评价他："有院士的专业，有战士的勇猛，更有国士的担当。"是学医的选择让他拥有了精深的专业知识，是爱国的热忱让他在学医的道路上孜孜以求，甚至不顾个人安危，救民众于水火。再如马云，他的成功之路既坎坷又顺遂，早年对英语的兴趣让他就读了英语专业，毕业后虽短暂地做过英语老师、翻译等相关的职业，但他并没有安于这些，而是凭借灵敏的商业嗅觉、两次复读锻造出来的不服输的勇气、超出常人的眼光和胆识以及一次偶然到美国去参观了一个ISP公司的机遇，创造了后来的商业帝国。在高中以及后来复读的两年里，对英语的兴趣始终推动着他往前走，这也决定了他后来的专业和早期的事业，对商业的涉足看似与专业没有关系但实际上正是这个专业才让他有了和国外接触并了解的机会，再加上之前列出的那些因素，才有了功成名就的马云。这种规划更多是无意识的，是不明晰的，但也能影响一个人的未来。

所以说，正确合宜的生涯规划，能伴随一个人并促进一个人终身发展。

四、人才需求

在高中学段的选科，应加强以爱国主义为目的的为国家人才需求服务的理念引导。2021年海南省的高考状元吴京泰同学，在确定报考清华大学后，很快选择了数理基础科学和微电子科学与工程专业，因为之前他在参加清华大学举办的暑假活动时，了解到高端芯片这一美国控制压逼我国企业的技术，当时就对芯片等相关知识和研究产生了浓厚的兴趣。吴京泰说自己要读到博士学位，持续在芯片领域做出贡献。这样一个优秀学生，做出这样的选择当然是出于一片赤子之心。还有14岁考入中国科学技术大学少年班的曹原，18岁就已经在麻省理工大学攻读博士学位，这样一名惊才绝艳的少年，24岁时因在《自然》连续发表关于石

第一章　高中生生涯规划指导意义及现状

墨烯超导重大发现的论文而荣登《自然》2018年度影响世界的十大科学人物榜首，成就并未止步的他到2021年已经在这家全球顶尖学术期刊上发表五篇论文。正因如此，美国也发现了这个天才少年，开出了非常诱人的条件并且附上美国的绿卡，希望曹原能留在美国发展。但是曹原回答："美国绿卡不算什么，我是中国人，学有所成就要回国。"

这些发生在身边的鲜活事例其实更能教育现今的青少年，这些当代年轻人中的佼佼者的选择也更契合现在的中学生的思维和理念，青少年在做生涯规划时如果把自己的前途和国家的需求结合在一起，时刻不忘家国情怀，才不枉国家、学校、老师的精心培养。

教育部2020年的统计数据显示，2019年度留学生归国的总人数为58.03万人，较上一年度增加6.09万人，增长11.73%。这是一个可喜的现象，也希望这个数据在未来会越来越高。《2021中国海外人才职业发展分析报告》显示，2021年留学生回国求职人数达80万人，而2020年的海归人员也较上一年增加33.9%，2019年度留学生归国总人数为58.03万，这是一个可喜的现象。只要祖国在心中，终会有为国奉献的一天。

第二节 生涯规划理论和高中生生涯规划现状

一、生涯规划理论

在国外,生涯规划发展的理论较为完善丰富。从20世纪50年代初开始,许多学者开始研究职业规划和生涯发展的问题,形成了一系列理论学说。这里只举出有影响力的几位研究者和他们的理论。

(一)舒伯的生涯发展理论

舒伯是世界职业规划与生涯教育领域最具权威性的人物,也是全球最有影响力的生涯发展研究者。舒伯将人的生涯发展分为成长(儿童期)、探索(青春期)、建立(成年期)、维持(中年期)、衰退(老年期)五个阶段,每一阶段又分别包含几个子阶段。

其中探索阶段(15~24岁)则是与高中学段有关的部分。这一阶段的主要任务有:自我概念与职业概念的形成、自我检视、角色尝试、学校中的职业探索、休闲活动与兼职工作。探索阶段的三个子阶段如下:

(1)试探(15~17岁):会考虑自己的需求、兴趣、能力、价值与机会,并会通过幻想、讨论、课程、工作等尝试做试探性的选择。此时的选择会缩小范围,但因仍对自己的能力、未来的学习与就业机会不是很确定,所以现在的一些选择以后并不会采用。

（2）过渡（18~21岁）：更加考虑现实的状况,并试图将自我概念实施。

（3）尝试（22~24岁）：已确定了一个似乎是较适当的领域,找到一份入门的工作后,并尝试将它作为维持生活的职业。此阶段所选择的工作范围会更缩小,只选择可能提供重要机会的工作。

我们不难发现,探索阶段中的"试探"阶段和我国的"高中"学段基本契合,"过渡"阶段和"大学"学段基本契合,"尝试"阶段则与"本科毕业初入职场"的阶段相对应。舒伯的理论放在当代的中国是同样适用的,我们要充分重视他提出的"试探"阶段的不确定性,尽可能地做好对自己的预判和前瞻,降低自我生涯规划的不合宜性。

（二）金斯伯格的职业生涯发展三阶段论

美国著名的职业指导专家金斯伯格对职业生涯的发展进行过长期研究,对实践产生了广泛影响,他把职业发展分为幻想期、尝试期和现实期。

幻想期：11岁之前的儿童时期。此时期职业需求的特点是,单纯凭自己的兴趣爱好,不考虑自身的条件、能力水平和社会需要与机遇,完全处于幻想之中。

尝试期：11~17岁。在职业需求上呈现出的特点是,有职业兴趣,并能客观地审视自身各方面的条件和能力；开始注意职业角色的社会地位、社会意义,以及社会对该职业的需要。但此时,由于长期在学校学习,对社会、对职业的理解还不全面,对职业主要考虑的还是个人的兴趣,具有理想主义色彩。

现实期：17岁以后的青年年龄段。此期所希求的职业不再模糊不清,已经有具体的、现实的职业目标,表现出的最大特点是客观性、现实性、讲求实际。

我们的高中学段基本属于金斯伯格理论中的"尝试期"的后期,这一尝试期阶段又被分为兴趣阶段、能力阶段、价值观阶段和综合阶段四个子阶段。

（1）兴趣子阶段：开始注意并培养其对某些职业的兴趣,期盼着将来从事某些职业。

（2）能力子阶段：不仅考虑个人的兴趣，同时也注意到个人能力与职业的关系，注重衡量自己的能力，并积极参加各种相关的职业活动，以检验自己的能力。

（3）价值观子阶段：个人的职业价值观逐步形成，能兼顾个人与社会的需要，以职业的价值性选择职业。

（4）综合子阶段：将上述三个阶段的职业相关资料综合考虑，以正确判定未来的职业生涯发展方向。

这四个子阶段其实划分的年龄不会太清晰，也不一定是完全的先后顺序。给我们的启示是，学生的职业生涯规划要兼顾兴趣、能力和价值观。

（三）霍兰德的类型论

霍兰德是美国的心理学教授，长期从事职业咨询工作并成为该领域的里程碑式人物。他认为，一个人之所以选择某职业领域，基本上是受到其兴趣和人格的影响，生涯选择是个人在对特定职业类型进行认同后，个人人格在工作世界中的表露或延伸。自我和职业认知的比较，及后续的接纳或排斥是生涯选择中主要的决定因素。霍兰德提出大多数人属于六种人格类型：现实型（Realistic）、研究型（Investigative）、艺术型（Artistic）、社会型（Social）、企业型（Enterprising）、常规型（Conventional）。这六种人格类型的特点和其适合的工作如下：

1. 现实型（R型）

现实型的人性格特征表现为：坦率、正直、诚实、谦逊，是注重实际的唯物主义者。他们通常具备机械操作能力或一定的体力，适合与机械、工具、动植物等具体事物打交道，相适应的职业主要是熟练的手工工作和技术工作，运用手工工具或机器进行工作。其职业倾向为机械自动化、飞行员、测量师、电气专家或农场主。

2. 研究型（I型）

研究型的人性格特征表现为谨慎、严格、严肃、内向、谦虚，独立性强。他们通常喜欢做统计分析，具备从事调查观察评价推理等方面活动的能力，相匹配的职业类型主要是科学研究和实验工作，研究自然界和人类社会的构成和变化，比较容易成为生物学家、化学家、物理学家、地理学家、人类学家、医学技术人员，等等。

3. 艺术型（A型）

艺术型的人通常内心活动比较复杂，敏感、无序，善于表达且富有想象力，却相对缺乏实际性，他们具备艺术性的、独创性的表达和直觉能力，不喜欢结构性强的活动，他们富于情绪性，适合于从事艺术创作，其职业倾向为作曲家、音乐家、舞台指导、舞蹈家、演员、作家、室内设计师等艺术类的职业。

4. 社会型（S型）

社会型的人通常善良、热情、灵活而又耐心，慷慨大度，善于劝说，他们喜欢从事与人打交道的活动，避免过分理性地解决问题，他们通常会从事社会型的职业，通过说服、教育、培训、咨询等方式来帮助人、服务人、教育人，例如教师、演说家、临床心理师、咨询顾问、护士、宗教工作者等。

5. 企业型（E型）

企业型的人通常乐于冒险，雄心勃勃，具有外向、易冲动、乐观、自信的个性特征，有一定的集权性倾向，具备劝说、管理、监督、组织和领导等能力，并以此来获得政治、经济和社会利益。与其相匹配的企业型职业，是指那些劝说、指派他人去做事情的各级各类管理者和组织领导者，以及一些影响他人的职业，如商人、运动推广商、电视节目制作、销售、高级管理人员等。

6. 常规型（C型）

常规型又称传统型，属于这一类型的人注重细节，讲求良心和精确性，通常体现出有序、有恒心、有效率、服从安排的个性特征，具备记录和归档能力，适合从事办公室工作和一般事务性工作。其适合的职业包括会计、金融分析师、银行家、秘书、税法专家等。

霍兰德编制了自我职业倾向测定量表（SDS）作为人格类型和职业倾向测定

的工具，具有较强的实用性。霍兰德的个性类型分类和测定量表可以作为职业咨询和职业选择的初步依据。

（四）MBTI——迈尔斯-布里格斯类型指标

MBTI职业性格测试是国际流行的职业性格分析方式，广泛用于职业规划和人际交往中，是由美国心理学家布里格斯和迈尔斯母女（凯恩琳·布里格斯和她的女儿伊莎贝尔·布里格斯·迈尔斯）制定的。该指标以瑞士心理学家荣格划分的八种类型为基础，经过20多年的研究后，编制成了《迈尔斯-布里格斯类型指标》。

MBTI人格共有四个维度，每个维度有两个方向，共计八方面。

分别是：外倾（E）和内倾（I）

感觉（S）和直觉（N）

思维（T）和情感（F）

判断（J）和知觉（P）

外倾型（E）	内倾型（I）
与他人相处时精力充沛	独处时精力充沛
行动先于思考	思考先于行动
喜欢边想边说出声	在心中思考问题
易于"读"和了解；随意地分享个人情况	更封闭，更愿意在经挑选的小群体中分享个人的情况
说的多于听的	听的比说的多
高度热情地社交	不把兴奋说出来
反应快，喜欢快节奏	仔细考虑后，才有所反应
重于广度而不是深度（心理能量的获得途径和与外界相互作用的程度）	喜欢深度而不是广度（心理能量的获得途径和与外界相互作用的程度）

感觉型（S）	直觉型（N）
相信确定和有形的东西	相信灵感或推理
对概念和理论兴趣不大，除非它们有着实际的效用	对概念和理论感兴趣

第一章 高中生生涯规划指导意义及现状

续　表

感觉型（S）	直觉型（N）
重视现实性和常情	重视可能性和独创性
喜欢使用和琢磨已知的技能	喜欢学习新技能，但掌握之后很容易就厌倦了
留意具体的、特定的事物；进行细节描述	留意事物的整体概况、普遍规律及象征含义；用概括、隐喻等方式进行表述
循序渐进地讲述有关情况	跳跃性地展现事实
着眼于现实	着眼于未来，留意事物的变化趋势，惯于从长远角度看待事物
喜欢深度而不是广度（接受信息上）	重于广度而不是深度（接受信息上）

思维型（T）	情感型（F）
退后一步思考，对问题进行客观的、非个人立场的分析	超前思考，考虑行为对他人的影响
重视符合逻辑、公正、公平的价值；一视同仁	重视同情与和睦，重视准则的例外性
被认为冷酷、麻木、漠不关心	被认为感情过多，缺少逻辑性，软弱
认为坦率比圆通更重要	认为圆通比坦率更重要
只有当情感符合逻辑时，才认为它可取	无论是否有意义，认为任何感情都可取
被"获取成就"所激励	被"获得欣赏"所激励
很自然地看到缺点，倾向于批评	惯于迎合他人，着重维护人脉资源

判断型（J）	知觉型（P）
做了决定后最为高兴	当各种选择都存在时，感到高兴
有"工作原则"：工作第一，玩其次（如果有时间的话）	"玩的原则"：现在享受，然后再完成工作（如果有时间的话）
建立目标，准时地完成	随着新信息的获取，不断改变目标
愿意知道它们将面对的情况	喜欢适应新情况
着重结果（重点在于完成任务）	着重过程（重点在于如何完成工作）
满足感来源于完成计划	满足感来源于计划的开始
把时间看作有限的资源，认真地对待最后期限	认为时间是可更新的资源，而且最后期限也是有收缩的

四个维度，两两组合，共有16种类型。以各个维度的字母表示类型，如下：

凡心所向，一苇以航
高中班主任指导学生生涯规划策略谈

类型名称	相对应英文字母简称	类型名称	相对应英文字母简称
内倾感觉思维判断	（ISTJ）	内倾感觉情感判断	（ISFJ）
内倾直觉情感判断	（INFJ）	内倾直觉思维判断	（INTJ）
内倾感觉思维知觉	（ISTP）	内倾感觉情感知觉	（ISFP）
内倾直觉情感知觉	（INFP）	内倾直觉思维知觉	（INTP）
外倾感觉思维判断	（ESTJ）	外倾感觉情感判断	（ESFJ）
外倾直觉情感判断	（ENFJ）	外倾直觉思维判断	（ENTJ）
外倾感觉思维知觉	（ESTP）	外倾感觉情感知觉	（ESFP）
外倾直觉情感知觉	（ENFP）	外倾直觉思维知觉	（ENTP）

这16种人格类型的具体特征不在此一一赘述，被测试者可以依据测试结果去比照对应的类型，再找到类型对应的常见职业，就可作为自己规划的参考。如INFJ类型，对应常见职业为建筑设计师、培训师、职业策划咨询顾问、心理咨询师、网站编辑、作家等；再如ESFJ类型，对应常见职业为房地产经纪人、零售商、护士、按摩师、运动教练、旅游管理人员等。

二、国外高中生生涯规划概况

国外的生涯规划起步比国内要早，所以也相对完善。以美国为例，美国职业生涯教育从6岁开始。美国有一个国家职业信息协调委员会（NOICC），该委员会早在1989年就组织制定并首次发布了"国家职业发展指导方针"。该指导方针提倡规划职业生涯教育要从6岁开始，规划要求孩子学会对自己的兴趣、专长、特点、能力等进行"自我认识"；要进行"教育与职业关系的探索"，研究教育与职业的关系，了解职业信息的获得和使用、工作与学习的关系、工作与社会的关系等；还要学习职业决策和进行"职业规划"。

再以加拿大为例，其职业生涯教育重点放在中学阶段。首先，在加拿大中学阶段一直开设职业规划课程，分阶段对学生进行针对性的职业指导。其次，所有中学学校均开设丰富的选修课，有些课程是为上大学做准备，有些课程与就业有密切关系，同样折算成绩。再次，所有中学都设有专职的学习顾问，负责为学生

第一章 高中生生涯规划指导意义及现状

在读期间的各种选择、困惑提供咨询帮助。从中外教育对比的角度，结合笔者访问美国中学的实地考察，我们发现，国外习惯聘用专职的老师指导学生生涯规划方向，也负责学生的心理咨询问题，职业类似我们中学阶段的"心理老师"，他们并没有"班主任"一职，和我们的国情与学情还是有很大不同。当然因为国外的人口密度偏低，这种专职老师每人负责的学生数量不会太多，所以个性化指导能够实现。而我国中学阶段的心理老师配比较少，所以个人的生涯指导只依靠中学心理老师是远远不够的，更多地需要班主任的参与和家长、学生的自我规划。

最后，我们来看日本的职业生涯规划教育。在日本，无论是小学、初中还是高中、大学，都非常重视职业生涯规划教育，并根据其理念付诸实践。从2006年开始，日本的《高中学习指导要领》扩大了职业课程的选修科目，加强了生物、生命科学、制造业、通用技术类科目，对农业、工业、商业等传统职业课程进行了修改。日本文部科学省从2000年起，用3年时间开展了专业教师培训，还为高中学校提供了职业教育课程所必要的设备、实习与实验经费。因此，国外的高中生生涯规划指导，呈现出系统化、低龄化、科学化的特点。

三、国内高中学段生涯规划现状

中国的生涯规划教育起步较晚。很多学生真正的生涯规划是从大学阶段开始的，很显然这是一个滞后的状态。当一个人大学和专业都已经定下之后再考虑未来的出路，相当于已经给自己画好了圈，所有的规划都只能在圈内去完成了。如果入了圈才发现这个圈不适合自己，不管是另外画圈还是勉强待在圈内，都不是最好的结果了。因此，重视学生的生涯规划至少应该从高中开始。如果未来想从事艺术、体育等需要专业技能更强的专业，那么规划必须至少从初一年级前后开始，甚至要提前到小学伊始，当然那时候的功利性不应太强还是要以兴趣爱好为依托。

1995年国家教委向各省、自治区、直辖市教委、教育厅（局）下发了《普通中学职业指导纲要（试行）》的通知，声明"职业指导是普通中学教育的一个

凡心所向，一笔以航
高中班主任指导学生生涯规划策略谈

组成部分"。《国家中长期教育改革和发展规划纲要（2010—2020）》和《教育部关于普通高中学业水平考试的实施意见》（教基二〔2014〕10号）均明确提出了"建立学生发展指导制度""加强学生生涯规划指导"的相关要求。但事实上，职业指导在当时的中学阶段难以得到有效的支持。

有些省市已经开始逐步重视起来，并一步步走在了全国前列。北京市、浙江省、江苏省、上海市、广东省等都有了相对成熟的探索实践。从目前国内研究生涯规划的对象来看，大学生职业生涯规划的研究更为普遍，中学虽然已经开展，但研究数量上还明显不足，且明显偏向于理论指导、数据分析，对在实践中展开的生涯规划指导相对缺乏。从从事研究的专家老师的身份来看，目前的高中教育体系中生涯规划教育仍然倾向于心理老师的课程体系，重点放在理论引领自我认知和自我规划上。家长或社会职业人的指导帮助并不全面，也带有较大的偶然性，经常依赖人脉资源、行业资源，同时对于高中生群体的普适性意义也不大。目前，我国部分地区的部分重点中学开设了职业规划课程，如北京市、上海市、浙江省、辽宁省、广东省等部分高中。但是基本都是各个学校自己开设的课程，并未有一套独立的、权威的课程体系来指导高中生的职业生涯规划。以做得相对较好的浙江省为例，学生修习生涯规划课程的比例从76%提高到98%，浙江省的普通高中还就如何提升课程专业性、如何加强生涯规划课程与学科课程的联系等问题进行研究，逐渐形成了建设生涯规划课程群和加强学科渗透两种殊途同归的课程发展路径。学生生涯体验方式越来越丰富，学校与外部的资源整合正在加强。导师制成为学校管理新方式，普通高中逐渐形成了一批专业化的师资队伍。例如浙江某中学初步形成了以生涯导师、学业导师、成长导师为主，以精英导师为辅的"3+1"生涯规划教育团队构建模式，并为不同老师提供了多样化的发展路径。

"经济发展，教育先行"。所以，重视发展经济，重视发展教育，做好基础才能更容易实现"人"的发展，才能最大限度地为孩子的发展保留足够的空间。这一任务任重道远，但我们相信未来会越来越好。

第二章　高中生生涯规划的主要内容和指导者

第一节　高中生生涯规划指导的主要内容

高中生的生涯指导，主要是指向升学的，但并不只是抓分数的学业指导，学业指导仅仅占据生涯规划指导的一小部分，甚至都不能算主要部分，因为每个地区都不缺乏高考分数优异但实际并未好好做过生涯规划的学生的案例。《山东省教育厅关于做好普通高中学生发展指导工作的意见》（鲁教基字〔2017〕8号）明确指出：普通高中学生发展指导主要包括学生自我认知指导、学业选修指导、职业行业体验和专业选择指导。这实际上也是高中生生涯规划指导的主要内容，班主任老师在真正进行具体指导时可以将其细化。

一、自我认知指导

自我认知指导主要是指导学生了解自己的性格特征、兴趣特长、优点缺点等，正确看待个体差异，认识和发现自我价值，准确定位自身角色，树立正确的世界观、人生观、价值观。

人可能终其一生都是在对"我是谁""我是怎样的一个人"的探寻中度过的，很多人在中年、晚年时期对自己人生的重要选择产生后悔，很大一部分来自对自己的不够了解，甚至不曾主动去了解，只是按部就班地按照小学、初中、高中、

凡心所向，一苇以航
高中班主任指导学生生涯规划策略谈

大学、职场一路走过，或者随性地报考了大学参加了工作，说不上好也说不上不好地度过了平淡的一生。孩子天生都有好奇心，但是很多幼年时期的好奇心并未成长为真正的兴趣特长就夭折了，父母教育子女的理念和水平也参差不齐，成长环境的影响也有好有坏，学校教育的办学思想也因地而异。因此，很多时候孩子对自我的认知远远不够，只是朦胧地把握、懵懂地定位，参考了所谓大人的意见就报考了专业和学校，这种情况不胜枚举。所以对生涯规划指导来说，自我认知指导是基础。

二、学业选修指导

学业选修指导主要是指导学生了解高中课程设计、学科知识体系和学习能力要求，明确个人学习目标，科学安排课程修习计划，培养良好的学习习惯和独立思考能力，挖掘学习潜能，提升学业水平。

2021年起，"3+1+2"的选科制度很大程度上决定了后来的学习情况和未来专业方向。但是在选科上，不少学生和家长理解得不够全面，只根据成绩好坏和选科范围的广度来决定选科。其实成绩和选科范围决定的大学专业报考范围固然是重要的参考，但是孩子自己的兴趣爱好、对未来职业的大致方向的考量、不同大学对选科的不同具体要求等都是要考虑的重要因素。学生、家长、老师或者其他职业咨询人士都可以根据学生的具体情况提出自己的建议，但在学业选修的指导方面，班主任的作用会更加突出。

三、职业行业体验指导

职业行业体验主要是指导学生通过体验职业行业，了解经济社会发展趋势和需求，了解不同职业的基本情况、发展过程、行业前景、工作任务和社会责任，了解自身职业倾向，形成适合自己的职业规划。

职业体验虽然不是一个新的名词，但是囿于很多客观和主观因素的限制，不

第二章　高中生生涯规划的主要内容和指导者

同地区、不同学校的实施状况其实有着很大的不同。经济水平、地域差异、教育理念、学校政策、教师专业程度等都影响着学生职业体验的次数和深度，甚至很多学校并没有认真进行指导，只随意地交给学生和家长自己去解决，对实施过程的监控远远不够。在实际生活中，学生本身对职业的了解非常有限，一种情况是对父母、亲戚的职业较为熟悉，一种情况是对日常能接触到或者通过媒体了解到的职业较为熟悉，如服务行业、电子商务、医药业、教育事业等。但是这种"熟悉"也仅仅限于表象，其实并没有走入行业内部，更无从得知是否适合自己。所以在中学阶段，如果能创造机会，让更多学生进入不同行业去做一番实地考察和体验，有助于他们更加理性地选择未来方向。同时，职业体验也是一个初步了解社会的机会，如有的学生进入连锁酒店体验，学习前台登记管理、房间卫生整理标准，有的学生进入大型实体商场，体验商品上架、标签扫码、仓储整理等，不仅是职业类型体验，也是人际社交体验，这些都是无形的财富，对学生未来的职场生活颇有裨益。

四、专业报考指导

专业报考指导主要是指导学生了解高等院校专业的基本信息和就业情况，了解高校专业选考科目要求，正确处理个人兴趣特长与社会需要的关系，科学合理地确定选考科目和专业志愿。

新高考的报考在"大学"和"专业"之间，无疑更向"专业"倾斜。以2021年山东省志愿报考为例，普通本科批次96个专业＋大学的志愿填报，会让很多没有做好准备的家庭措手不及，有的甚至花费不菲去找专业机构代填志愿。在此之前，山东省的高考志愿填报形式则是本科批次12个大学、每个大学6个专业、允许填报调剂志愿的填报方式。所以，之前的填报只要确定好12个大学的排位顺序就基本锁定大概。而现在，专业在前、高校在后而且同一所高校的各专业可以被错杂安插在不同位置的填报使人眼花缭乱，对高校信息不熟悉的家长和学生更是茫然无措。所以，在高中阶段，有意识地在基础学段就渗透志愿填报

凡心所向，一笔以航
高中班主任指导学生生涯规划策略谈

知识，教会学生和家长检索大学信息的方式，促进学生了解更多的大学和专业，利用班会、公众号、微信群等方式传播信息进行指导，会大大缓解家长和学生对报考的焦虑与无措。同时，班主任的指导理念要清晰，把选科、大学专业、大学概况、志愿填报方式等尽量通俗又扼要地传达给学生和家长，班主任自身也要不断学习和掌握选科和专业志愿填报的相关知识，做好资料储备，才能真正做好专业报考指导。

第二章　高中生生涯规划的主要内容和指导者

第二节　高中生生涯规划的主要指导者

高中生的生涯规划，参与指导者有很多。家庭背景、父母受教育程度、孩子性格特点、所属地域发达程度、所在学校教育理念不同，参与到学生个体的生涯规划指导中的人也就不一样。这里谈谈经常出现的参与规划指导的角色，其中班主任的指导作用会在下一节中单独阐述。

一、家长

都说父母是孩子的第一任老师，父母也是最关心孩子成长的人。"父母之爱子，则为之计深远。"随着父母对孩子的教育越来越重视，相当多的"70后"、"80后"乃至"90后"的年轻父母都在孩子的幼年时期就做好各种准备，以期望孩子不论是"起跑线"还是"途中跑"都不要落在后面。这就使得很多家长积极参与到孩子的生涯规划中来。即使有一些是无序的、无目标的，甚至带有强烈的功利性，但确实是起到了帮助孩子做出生涯规划选择的作用。如果家长本身素质高，对教育有自己的恰当见解，对孩子有足够的耐心和了解，作为孩子的第一任生涯规划老师，是再好不过的了。

父母的优势毋庸置疑。从时长上来说，父母在孩子身上付出的时间和精力肯

凡心所向，一第以航
高中班主任指导学生生涯规划策略谈

定要超出老师许多，毕竟老师要照顾到班里的几十个孩子；从年龄上来说，父母在孩子上学前就能感知他们的喜好，特别是艺术才能、体育才能、语言能力、动手能力等方面，孩子在幼小时期就可以展现，父母对此的培养可以提前到孩子的学龄前时期，而高中老师真正参与时往往已经到了学生的中学时代；从资源上来说，家长手里有各种各样的人脉资源，包括他们的家族亲属、同学好友、工作圈子等，这些都无形中影响到对孩子的规划，学校的资源则是相对公开的、有限的。

举例来说，学生小Z，父亲是著名的省级田径教练，培养出很多优秀体育特长生输送到国家队和重点大学，所以从小学时他就对小Z开始有目的地进行田径训练，中考时小Z以体育特长生的身份进入全市最好的高中。虽然小Z学习成绩一直不太理想，但遵循着父亲规划的生涯之路，也顺利地以高水平运动员的身份进入了同济大学。学生小L，从小喜欢画画，在成长过程中也表现出颇高的美术天分，文化课成绩能保持在中游以上，为了能上一所更好的大学，美术专业的辅导一直没有停过，没有太犹豫全家就决定让她以美术生身份参加高考，最终小L被江南大学录取。这两名学生就是家长介入孩子生涯规划的典型案例。无论是家长的自身资源、孩子的天赋特长，还是自身的兴趣和未来职业的方向，这两名学生都是比较明晰的。因此，这类特点、特长、兴趣分明的学生，家长成为他们主要的生涯规划师。

二、心理老师

在国内的中学里，基本没有职业的生涯规划师，这一角色往往由心理老师充当。生涯规划最早脱胎于心理学。由于教育部的重视，生涯规划被编辑成心理课本的内容之一，成为一门课程。《高中学生发展指导（生涯规划）》（山东教育出版社）和《普通高中学生发展指导》（青岛出版社）是山东省内常用的地方教材。《山东省教育厅关于做好普通高中学生发展指导工作的意见》（鲁教基字〔2017〕8号）明确："要为每名学生配备专职或兼职的生涯规划导师，并在高中时期内保持稳定，逐步建立以班主任、心理健康教师为主体，专职教师为骨干，学科教师共同

第二章 高中生生涯规划的主要内容和指导者

参与的生涯规划指导队伍。"就全校层面来说,心理老师是更适合的生涯规划导师,因为他们面向的往往是整个年级、学校,而并非某个班级。但也因为如此,心理老师的数量远远不足以为全校学生个体服务。更多的生涯指导是放在心理课堂上,至于课下的指导仅仅限于单独约谈的学生,而现实中约谈心理老师的学生往往是出现了一定的心理问题和困惑想倾诉或求助,真正单独咨询生涯规划方向的学生并不多。在这一点上,国内和国外有很大的不同。笔者曾经造访过美国、新加坡的中学。他们负责生涯规划的导师,所分配到的学生数量比较少,这更有利于他们进行专职的生涯指导和心理咨询就好。

因此,在国内,心理老师可以参与到学生的生涯规划中来,但是它的特点和方向与班主任、家长有很大的不同。概括说来,心理老师指导学生生涯规划呈现以下特点:

(1) 面向的学生受众更广泛。不同于家长介入生涯规划只针对自己的孩子一个人,也不同于班主任介入的生涯规划针对班级的几十人,心理老师面向的学生数量要达到几百人甚至上千人。以笔者所在的高中为例,两三千学生,只有两位心理老师,心理课程只在基础年级开设。所以,心理课上的生涯规划指导是面向全体学生的,而且学生数量居高不下。

(2) 指导的内容更偏向认识自我和指出方向。心理老师的授课,生涯规划指导只是其中的一部分,内容有限,所以即使有地方教材,也并非全部内容都以课堂形式呈现。有限的老师数量、有限的课时安排,都使得实际情况下的心理课程被压缩。"人格测试""气质与性格测试""学科兴趣测试""价值观评估""成就动机评估""时间管理测试""情商测试""学习风格测试",从这些心理课程的编排上就可以发现,它的指向更倾向于"认识自我",在对自我有更准确的判断之下,才去考虑其他后续问题。而且因为心理教育的特殊性,课堂上要用到很多测评工具、评估结果来帮助学生认知但不下定论。

(3) 参与指导的形式有限。心理老师只在校内参与学生生涯规划指导,校外活动基本不会介入。因此生涯访谈、研学旅行、职业体验、社会实践等活动的开展,都需要班主任组织实施。心理老师的专业倾向定位更明晰:帮助学生去认识自己,帮助学生解答未曾走出的困惑,防止学生过激的心理冲动和反常举动,满足学生情感上的需求。在理论层面心理老师的专业知识储备丰富,更能对症下药,在实践层面则需要其他老师尤其是班主任老师来承担重任。

三、生涯规划师和咨询机构

生涯规划师,或者叫生涯咨询师,是在国外兴起的职业。"美国生涯发展学会"成立于1913年,其会员都是生涯咨询和发展的专业人士,包括各级学校辅导人员、私人职业的咨询师、咨询师培训人员、咨询研究人员和人力资源从业人员等。它提出了生涯辅导人员应该具有的11项基本专业能力。著名心理学专家金树人说过:"生涯咨询师不仅要懂得生涯发展理论,还必须接受过一般咨询与心理治疗的基本训练。"Global Career Development Facilitator,又名全球职业规划师(GCDF),是美国咨询师认证管理委员会NBCC推广的一个全球性的认证体系,专门用来培养专注在职业生涯规划领域的专业人员。GCDF于1997年推出,2004年北森生涯将GCDF项目正式引入中国。在国内这个行业只属于刚刚起步阶段,相对来说比较冷门,更不够规范。较为有名的如Beisen Career Facilitator,又名北森生涯规划师(BCF),是由北森生涯精心打造的职业规划从业人员专业技能认证培训,针对中国特色及就业背景环境进行了本土化的改善,使该认证更符合中国经济、文化、市场的特点,将生涯规划的理论与实践紧密结合起来。由于对生涯规划师的个人要求比较高,所以我国如今拥有生涯规划师资格认证的尚不足2万人,经验丰富的生涯规划从业者更是不足500人。总体来说,国内的生涯规划师的认证还要继续发展并进一步规范。当然,生涯规划并非特指中学阶段,它其实可以贯穿人的一生。但在这里,我们主要指的是针对高考咨询的生涯规划师或专业机构。

高考咨询业也算是新兴产业的一种,甚至产生了所谓"高考志愿规划师""高考咨询规划师"这样的职业,(目前尚缺乏统一的管理和认证)。随着家长对子女的教育越来越重视,对于一些不太了解教育和报考资讯或者没有时间和精力关注这些的家长,往往需要专业人士来帮助规划。据笔者接触到的家长反馈的情况来看，他们所做的主要工作包括针对强基计划和综招计划做好报考前的准备，根据缺项来做补足以帮助学生达成初审通过的目标；还包括其他特殊招生类的报考解读，如艺体类、军警类、飞行技术类、港澳高校类等，帮助学生创造合适的条件来取得报考资格；再针对学生的要求帮助填报高考志愿，利用大数据将"96个专业＋大学"的志愿以预估的投档率按照顺序排列出来供家长和学生参考。所以，高中阶段的生涯规划，由生涯规划师或专业机构参与的话确实带有强烈的目的性和功利性，他们以营利为目的，与学校的生涯规划指导只单纯着眼于学生发展有着本质的不同。

凡心所向，一苇以航
高中班主任指导学生生涯规划策略谈

第三节 班主任指导学生生涯规划的特殊优势

学生生涯规划虽然有多人可以参与指导，但在实践层面作用最大的还是班主任。因为班主任具备许多特殊优势。

一、班主任相对于其他老师是最了解学生的人

相信没有人会否认班主任对学生的影响力。因为班主任工作的特殊性，使得各学段的班主任都是对学生最有影响力的人，高中很多学校都是寄宿制，即使不住宿学生也要上早晚自习，因此高中三年班主任是名副其实的陪伴学生时间最长的人。很多学生在毕业后，最怀念的人往往是班主任老师，这是毋庸置疑的事实。

班主任对学生的了解是全方位的。

第一是了解学生的学业成绩。每一次的考试，每一次的家长会，每一次的关于学习的谈话，每一次关于考试的主题班会，都是对学生学业成绩的了解方式。学业成绩虽然不能决定专业，却能大致决定大学的档次。班主任正是那个最容易给出报考大学建议的人。

第二是了解学生的个性特点。每个孩子都是独立的个体，每个孩子都有千差万别的特点，孩子在学校和在家庭中可能还呈现出不同的特质。其实对一个孩子

最难把握的就是他的个性、他的心理、他的想法，而班主任既能与学生朝夕相处又拥有专业的经验，如果又是深受学生喜爱的老师，有时候甚至比父母还要了解孩子的个性特点，尤其是那些亲子沟通有障碍的家庭的孩子。

第三是了解学生的家庭状况。有些学生家庭情况比较复杂，有的物质生活相对困顿，有的是单亲家庭，有的是重组家庭，有的是因父母忙于工作而孩子长年由爷爷奶奶、姥姥姥爷照顾的家庭。其实每个孩子出现问题都是和他的原生家庭有关系的，所以了解家庭背景、父母情况非常重要。而家庭的影响有时也左右着孩子的生涯规划，比如家庭贫困一些的孩子可能会选择报考公费师范生，军人家庭的孩子可能会立志考军校，父母是商人的家庭的孩子可能会对金融学、经济学或者管理学感兴趣。

第四是了解孩子的兴趣梦想。有的学生会表现出强烈的渴望，有的学生会有深埋心中的梦想，有的学生可能不够明确自己想去哪一所学校，但他平时的兴趣、特长、爱好都是班主任给出生涯指导的凭借。很多时候，孩子的"喜欢"是单纯而无计划的，班主任作为知情人给予特定的目标，就有可能将"喜欢"变为"梦想"，从而激发学习的动力。如2018届高三学生小F，对传统文化情有独钟，笔者就鼓励她参加了省级的传统文化方面的比赛，结果一举获得特等奖，因为这个奖项她获得了中国人民大学的30分的降分录取优惠。这给了她高三后期极大的学习动力，高考也成了她发挥最好的一次，本来在学校位列中游的她竟然真的如愿以偿考入了中国人民大学国学院。

二、班主任的生涯规划指导面向全班更有针对性

前面讲过，心理老师的生涯规划指导是面向全年级和全校学生的，虽然影响到的人数比较多，但也因此对个体的影响力要小。因为教授的学生太多，所以心理老师甚至叫不上很多学生的名字。班主任面向的学生通常在30~50人，通常一学期就足以了解全班同学，三年下来对每个孩子都会做到心中有数。而且，班主任的德育阵地非常多，形式也多样，组织活动更是得心应手，这些都是心理老师

或者其他任课老师不能比拟的优势。以最常见的"班会"形式来做一下说明。

班会是班主任最重要的德育阵地，每周一次的班会既有频率又有时长，集中班会时间做生涯规划指导是非常有成效的。班会本身主题繁多，形式也很多，生涯规划的大主题之下还可以分成若干小主题，小主题之下还可能需要多节班会才能完成，这也构成了班会的序列性。如高一时期，学生刚入高中会很兴奋，也很容易在新环境、新起点表现自己，高一的生涯班会主要是围绕"认识自我""展示自我"，而且可以和其他活动目的结合起来，这个时候不一定要开单纯生涯规划主题的班会。比如学校的艺术节、体育节、科技节、读书节、社团活动展示等活动，都需要在班会中进行总结，而这种活动总结性的班会也是学生充分展示特长、积极探索自我的时刻，班主任借此加深了对学生的了解，为高二、高三的生涯指导打下基础。当然研究性学习、职业体验、社会实践等在高一就已经展开，这一类活动将持续到高三，以此为基础召开的班会更加靠近生涯探索主题。

高二、高三时的生涯班会将加入"大学介绍"和"专业介绍"，这部分主题班会要号召全班同学参加并准备材料，因为对资料的积累是一个渐进的也是一个繁杂的过程，如同流水一遍遍冲洗，才可能给学生们留下更多的印象，也有更多选择的余地。笔者对每一届学生都会召开这两个主题的系列班会，每个人只需要准备一两所大学和一两个专业的资料，但全班循环完毕就将获得近百所大学和专业资料，实在是比事半功倍更划算的事情。

班主任老师还要主持关于"如何选科""高考的特殊升学路径""强基与综招介绍"这类专题班会，还可以邀请已毕业的学长、学姐来分享经验，无论是来到班会现场还是录制微视频，他们都能起到现身说法的作用。

三、班主任更容易组织校外生涯探索活动

校内的生涯规划指导，可以由以班主任、心理老师为主的教师群共同完成，但是校外的生涯规划类活动，基本上都需要班主任组织。这是由如下几点因素决

第二章 高中生生涯规划的主要内容和指导者

定的：一是班主任相当于学生的校内监护人，组织集体活动时，需要负责学生安全的监护人和责任人；二是班主任相比于其他老师更了解每一名学生，校外活动本身有不易管理、不确定因素增多的特点，由最熟悉学生的班主任带队是最佳的方式；三是班主任对家长最熟悉，可以利用家长资源，更易实现家校合作，也更有利于校外生涯活动的组织；四是班主任更容易策划系列生涯探索活动，将校内校外的形式结合起来，可以收到更好的效果。

举例来说，高中阶段，学生经常需要到校外参与系列生涯探索活动——职业体验、生涯访谈、社会实践、志愿服务、研学旅行等，虽然活动有大有小，但不可避免的是，集体性活动的流程相对繁杂，安全不容忽视，事先准备和全程带队都要妥当。就研学旅行来说，大的研学旅行可以5~7天，可以到外省来一次线路较长资源丰富的远足，如笔者所在学校的团队联合去山西省研学旅行，太原市、王家大院、壶口瀑布、云冈石窟等都留下了学生的足迹；小的研学旅行可以是半天到一天，如笔者带领学生前往青岛市的黄岛开发区，游览考察了贝壳博物馆、电影博物馆、中国院子、原比例3D打印云冈石窟3号窟、故宫文创青岛馆等地。这样的活动中，租车服务、导游服务、保险事宜、门票事宜、就餐事宜，超过一天的还包括酒店住宿等一系列的规划无论几人参与，全程都需要班主任过目商定拍板。其他人显然不具备这样的条件。

总之，生涯规划指导这支队伍，虽然说"以班主任、心理健康教师为主体，专职教师为骨干，学科教师共同参与"，但在实际践行中，班主任和心理老师的分工大大不同，其他老师的参与极其有限。因此，高中学段的生涯规划指导，无论是理论层面还是实践层面，班主任都是不可或缺甚至可以说是最重要的一员。当然，出于各种原因，相当多的学校还没有真正开展生涯教育，班主任也缺少足够的储备和精力参与到对学生生涯规划的指导上，但生涯教育的意义重大，各方面的力量联合起来，才更容易给学生指明一条更为适合的规划之路。希望越来越多的班主任参与到生涯规划的研究上来，越来越多的地区和学校真正将生涯规划教育开展起来，而不是只停留在文件政策上，让中国的生涯规划教育可以尽快赶上世界先进水平。

第三章　高中班主任指导学生生涯规划的前期准备

班主任指导学生进行生涯规划，首先要打好两个基础：一个是关于学生的，另一个是关于自身的。

第一节　帮助学生认识自我

每一个人，从出生起就处于自我认知的过程中。只是，年少时多数人是在不自觉的情况之下进行自我认知。随着年龄越长，人才开始有意识地开启对自我的探求。

一、借助心理和职业测评工具认识自我

孩子入学之后，尤其是升入中学之后，在心理老师的专业课堂上，逐渐学会正确地认识自我。青岛出版社出版的《普通高中学生发展指导》（许爱红主编）一书中，多个章节涉及学生自我认知的内容，如"了解气质和性格""全面记录自己的成长""认识兴趣和职业倾向""探索优势与潜能""凭着'特长与潜质'飞翔"等。

指导学生生涯规划的基础，就是要让学生了解自我，包括兴趣、特长、性格、气质、学科偏好等，在此基础上做出的专业和职业大方向才能更契合学生。因此，班主任老师可以与心理老师充分沟通，也可以借助心理老师在生涯规划主题课堂

凡心所向，一苇以航
高中班主任指导学生生涯规划策略谈

上做的相关测试结果，或者利用班会等途径设计学生认识自我的环节，然后提出指导建议。本书在第一章列举了几种常见的生涯规划理论，班主任可以在熟悉理论知识的基础上为学生进行相关指导。建议进行评价时分为职业兴趣和职业价值观两个层面。

1. 关于职业兴趣的自我评价

下面我们以常见的霍兰德的类型论作为例子谈一谈如何进行职业兴趣评价。

霍兰德提出大多数人属于6种人格类型：现实型（Realistic）；研究型（Investigative）；艺术型（Artistic）；社会型（Social）；企业型（Enterprising）；常规型（Conventional）。他还编制了自我职业倾向测定量表（SDS）作为人格类型和职业倾向测定的工具。在网上可以以此表进行直接测试。

霍兰德职业兴趣测试题

本问卷共90道题目，每道题目是一个陈述，请你根据自己的真实情况对这些陈述进行评价，如果符合实际情况就在相应的题目前打"√"，否则打"×"，不要漏答。

1. 强壮而敏捷的身体对我很重要。
2. 我必须彻底地了解事情的真相。
3. 我的心情受音乐、色彩和美丽事物的影响极大。
4. 和他人的关系丰富了我的生命并使它有意义。
5. 我自信会成功。
6. 我做事必须有清楚的指引。
7. 我擅长自己制作、修理东西。
8. 我可以花很长的时间去想通事情的道理。
9. 我重视美丽的环境。
10. 我愿意花时间帮别人解决个人危机。
11. 我喜欢竞争。
12. 我在开始一个计划前会花很多时间去计划。

第三章　高中班主任指导学生生涯规划的前期准备

13. 我喜欢使用双手做事。
14. 探索新构思使我满意。
15. 我是寻求新方法来发挥我的创造力。
16. 我认为能把自己的焦虑和别人分担是很重要的。
17. 成为群体中的关键任务执行者，对我很重要。
18. 我对于自己能重视工作中的所有细节感到骄傲。
19. 我不在乎工作把手弄脏。
20. 我认为教育是发展及磨炼脑力的终身大事。
21. 我喜欢非正式的穿着，尝试新颜色和款式。
22. 我常能体会到某人想和他人沟通的需要。
23. 我喜欢帮助别人不断改进。
24. 我在决策时，通常不愿冒险。
25. 我喜欢购买小零件，做成成品。
26. 有时我长时间阅读，玩拼图游戏，冥想生命本质。
27. 我有很强的想象力。
28. 我很努力做好一些事情。
29. 我喜欢监督事情直至完工。
30. 如果我面对一个新情景，会在事前做充分的准备。
31. 我喜欢独立完成一项任务。
32. 我渴望阅读或思考任何可以引发我好奇心的东西。
33. 我喜欢尝试创新的概念。
34. 如果和别人产生摩擦，我会不断尝试化干戈为玉帛。
35. 要成功就必须定高目标。
36. 尝试不平凡的新事物是件相当有趣的事情。
37. 我喜欢直言不讳，不喜欢转弯抹角。
38. 我在解决问题前，必须把问题进行彻底分析。
39. 我喜欢重新布置我的环境，使它与众不同。
40. 我经常借着和别人交谈来解决自己的问题。

凡心所向，一笔以航
高中班主任指导学生生涯规划策略谈

41. 我喜欢研读所有的事实，再有逻辑地做出决定。
42. 准时对我来说非常重要。
43. 我常能借着资讯网络和别人取得联系。
44. 我不断地问：为什么？
45. 小心谨慎地完成一件事是有成就感的事情。
46. 我喜欢帮助别人找可以和他人相互关注的办法。
47. 能够参与重大决策是件令人兴奋的事情。
48. 我经常保持清洁，喜欢有条不紊。
49. 我喜欢周边环境简单而实际。
50. 我会不断地思索一个问题，直到找出答案。
51. 大自然的美深深地触动我的灵魂。
52. 亲密的人际关系对我很重要。
53. 升迁和进步对我极重要。
54. 当把每日工作计划好时，我会较有安全感。
55. 我不害怕过重工作负荷，且知道工作的重点。
56. 我喜欢能使我思考、给我新观念的书。
57. 我希望能看到艺术表演、戏剧及好的电影。
58. 我对别人的情绪低潮相当敏感。
59. 能影响别人使我感到兴奋。
60. 当我答应一件事时，我会竭尽全力监督所有细节。
61. 我希望粗重的肢体工作不会伤害任何人。
62. 我希望能学习所有使我感兴趣的科目。
63. 我希望能做些与众不同的事。
64. 我对别人的困难乐于伸出援手。
65. 我愿意冒一点险以求进步。
66. 当我遵循成规时，我感到安全。
67. 我选车时，最先注意的是好的引擎。
68. 我喜欢能刺激我思考的话。

69. 当我从事创造性的事时，我会忘掉一切。

70. 我对社会上有许多人需要帮助感到关注。

71. 说服别人依计划行事是件有趣的事情。

72. 我通常知道如何应付紧急事件。

73. 我喜欢帮助别人发挥天赋和才能。

74. 阅读新发现的书是件令人兴奋的事情。

75. 我喜欢美丽、不平凡的东西。

76. 我经常关心孤独、不友善的人。

77. 我喜欢讨价还价。

78. 我花钱时小心翼翼。

79. 我用运动来保持强壮的身体。

80. 我经常对大自然的奥秘感到好奇。

81. 我喜欢为重大决策负责。

82. 当别人向我诉说他的困难时，我是个好听众。

83. 做事失败了，我会再接再厉。

84. 我需要确切地知道别人对我的要求是什么。

85. 我喜欢把东西拆开，看看能否修理它们。

86. 我常想起草一个计划，而由别人完成细节。

87. 没有美丽事物的生活，对我而言不可思议。

88. 人们经常告诉我他们的问题。

89. 从事户外活动令我神清气爽。

90. 我喜欢自己的工作能够抒发我的情绪和感觉。

评分办法：下表中的数字代表上列兴趣测验中的题号

请算出每种类型打"√"的数目，并填在下面：

现实型：1 7 13 19 25 31 37 43 49 55 61 67 73 79 85

研究型：2 8 14 20 26 32 38 44 50 56 62 68 74 80 86

艺术型：3 9 15 21 27 33 39 45 51 57 63 69 75 81 87

凡心所向，一苇以航
高中班主任指导学生生涯规划策略谈

```
社会型：4  10  16  22  28  34  40  46  52  58  64  70  76  82  88
企业型：5  11  17  23  29  35  41  47  53  59  65  71  77  83  89
常规型：6  12  18  24  30  36  42  48  54  60  66  72  78  84  90
```

现实型 _____   研究型 _____   艺术型 _____

社会型 _____   企业型 _____   常规型 _____

将上述分数从高到低依次排好，并填在下面：

第一位 ×× 型 ____   第二位 ×× 型 ____   第三位 ×× 型 ____

第四位 ×× 型 ____   第五位 ×× 型 ____   第六位 ×× 型 ____

如一名测试学生选择之后的分数归类如下：

现实型 <u>12</u>   研究型 <u>9</u>   艺术型 <u>8</u>

社会型 <u>10</u>   企业型 <u>11</u>   常规型 <u>11</u>

从得分看会发现该生现实型得分最高，可能更喜欢实在的技术工作，如机械维修、木匠活儿、烹饪、电气技术、管子工、电工、机械工、制图员等。

另一名测试学生选择之后的分数归类如下：

现实型 <u>13</u>   研究型 <u>10</u>   艺术型 <u>15</u>

社会型 <u>10</u>   企业型 <u>12</u>   常规型 <u>9</u>

从得分看该生排第一位的是艺术型得分，可能比较喜欢艺术性的工作，可能适合做演员、美术家、音乐家、设计师、编辑、作家和文艺评论家等。

2. 关于职业价值观的自我评价

职业价值观是指人生目标和人生态度在职业选择方面的具体表现，也就是一

第三章　高中班主任指导学生生涯规划的前期准备

个人对职业的认识和态度以及他对职业目标的追求和向往。除了性格气质、兴趣爱好会决定一个人的职业发展方向之外，职业价值观也是一个重要因素。

对于职业价值观，历来学者都有不同的类型划分。

日本学者田崎仁把人的职业价值观分为9种类型：独立经营型、经济型、支配型、自尊型、自我实现型、志愿型、家庭中心型、才能型、自由型。

美国心理学家洛特克提出13种价值观：成就感、审美追求、挑战、健康、收入与财富、独立性、爱、家庭与人际关系、道德感、欢乐、权利、安全感、自我成长和社会交往。

我国学者阚雅玲将职业价值观分为12类：收入与财富、兴趣特长、权力地位、自由独立、自我成长、自我实现、人际关系、身心健康、环境舒适、工作稳定、社会需要、追求新意。

不论班主任使用哪种分类方式帮助学生进行职业价值观的测评，都可以采用以下的方式：

让学生在纸上为上面所列的职业价值观进行排序，然后分成4档，第一档是"非常重要"，第二档是"比较重要"，第三档是"一般重要"，第4档是"不重要"。每一档中将他选定的几种价值观填写进去，最高不能超过其中的四种。可以从两端进行，即可以从"非常重要"开始，也可以从"不重要"开始，在比较艰难的归档选择中确定好自己的心意与态度，思考为什么自己会做出这样的选择。

班主任老师可以用班会形式进行，让学生进行选择和分享，然后依据他们的选择给出一些合理化的职业选择建议。

用阚雅玲的分类方式举例。如学生小D，她认为对自己来说"非常重要"的是"身心健康、兴趣特长、工作稳定、自我实现"，"不重要"的是"追求新意、自由独立、权力地位"，这可以看出小D同学看中安稳、舒心、有兴趣也有一定的价值追求的工作，结合她自己的专业诉求，选择做一名教师是她的职业发展方向；学生小F，他认为"非常重要"的是"权力和地位、人际关系、社会需要"，"不重要的"是"环境舒适、工作稳定、追求新意"，这能看出该同学喜欢做组织者和领导者，看重为国家和社会做有意义的大事，而不关注平凡岗位和舒适稳定，结合他的志向和专长，国际政治、国际经济与贸易、经济学等专业都比较适合他；

凡心所向，一苇以航
高中班主任指导学生生涯规划策略谈

学生小L，她选择"非常重要"的是"追求新意、自由独立、兴趣特长"，"不重要"的则是"自我成长、权力地位、人际关系"，这能看出该生喜欢有创造力、有强烈喜好的工作，不喜欢受拘束、与人打交道多的工作，结合她的个人情况，艺术类、设计类的专业是很适合她的。

职业价值观和职业兴趣观是不能截然分开的，二者交集在一起，前者更偏向三观方面的追求，后者更强调个人的感情偏好。虽然没有对错之分，但班主任在做这类指导时，要注意引导学生们的正向选择，以榜样人物引领示范。可以让学生假想，如黄大年、张桂梅、南仁东这样的时代楷模，如果让他们做选择，一定会聚焦在"社会需要、自我实现"这类价值观上，虽然每个人的爱好与追求不同，但为什么这些楷模会有这样共同的选择呢？在假想中结论也就不难得出，要以此培养学生立德树人的品质。

二、从他人评价中认识自我

帮助学生认识自己，心理和职业测评工具只是其中的一种方式。在社会中，我们不能忽略他人对自己的评价，而且这种他人评价往往和自我评价还存在一定的差异。班主任可以利用自身的职业优势，帮助学生注意从他人评价中正确地认识自我。

1. 来自父母的评价

父母作为孩子的第一任老师，从出生起就陪伴在侧，可以说孩子的气质秉性，父母往往是最熟知的了。作为班主任，利用面谈、微信、电话等方式，可以了解到家长对学生的评价，以此反馈给学生的同时，还能观察到学生对此评价的反应。

多年的班主任经验告诉笔者，很多孩子尤其是进入青春期叛逆的孩子，往往并不认同来自父母的评价，会觉得他们并不了解真正的自己。出现这种情况并不意外：孩子是不断成长、发展变化的，父母忙于工作有时并不能跟随孩子一起成长，且受教育理念的限制及时代的飞速变化的影响，容易与青春期的孩子出现代

第三章 高中班主任指导学生生涯规划的前期准备

沟。久而久之，孩子就会觉得父母不了解自己，也不能理解自己，他们做出的评价"耳朵都听出茧子了"，无非是老生常谈。对此家长显得很无奈。但毕竟孩子小时候的天性父母还是最了解的，优秀的教育者可以从中窥见学生最天然的本性，再结合后期家长也许有些"变味"的评价，也能对孩子说出更能让他们听得进去的家长评价。如一名调皮冲动的男生，因为来自重组家庭，有了二胎的父亲学历不高又忙于工作，沟通很少，使得他一直都认为父亲不懂他，两人关系也比较紧张。我在数次电话家访后，结合他复杂的家庭背景，将他认为的"大老粗"的父亲的深沉的关爱、对他简单粗暴的呵斥，其实是不想他敏感无为，"恨铁不成钢"的背后是想让他务实、追求安稳幸福，给他一一分析，这种分析本身包含了父亲和老师对他的评价，他在冷静的时候其实都一一接受了。在电话和微信家访中，我发现即使这位父亲学历不高、性格直接、不够耐心，但毕竟和孩子生活了十几年，也明了孩子失去亲生母亲的痛苦，所以即使在有了二胎之后也比较在意大儿子的情绪，没有特意偏爱小儿子。也许这是同父异母的两兄弟能和睦相处的重要原因。性格特质是决定孩子职业方向的重要因素之一，没有好坏之分，只有适合与否，来自父母的第一手评价确实不容忽视。尤其是叛逆期的孩子，多对父母的建议持怀疑态度，事实上父母的判断大多还是准确的，班主任了解家长之后再转述成自己的表达可能孩子更容易接受。我常听到家长说"您说的话孩子能听进去"，就是这个道理。上面这个男孩子，个性非常情绪化，易陷入自我怀疑，也容易自我膨胀，遇到信赖的人会很重感情，也有一定的文艺细胞，选科文理兼具，其中有物理，不喜欢纯记忆的知识。他的职业方向不适合会计、统计、金融数学、法学等需要特别精细化和准确性的职业，也不适合典型的纯文科——文史哲方向，应该更适合物理学类、地理科学类、大气科学类、海洋科学类、地球物理学类、地质学类、机械类、仪器类等理工科方向的专业。

  多年的经验告诉笔者，原生家庭对孩子的影响非常大。幸福美满的家庭、亲密和谐的亲子关系中长大的孩子，成长中出现的问题比较少。还有的家长本身素质较高，对先进的教育理念比较关注，在育子上比较成功。这样的家长对孩子的评价也往往是中肯而准确的，孩子也会有较高的认同度。潜移默化中，孩子在他的第一任"老师"的评价下，对自己有相对客观的认识。如一位妈妈，她自身就

凡心所向，一苇以航
高中班主任指导学生生涯规划策略谈

是一位中学心理老师，所以能用较为专业的眼光评价自己的孩子，其实她的孩子也有很多问题，甚至有时表现出"三观"不合主流，因为小时候身体不好做过大手术也使得母亲比较娇惯他，养育得很精细。但是这位妈妈性格温柔，表现出极强的耐心，不强行纠正孩子的问题，保持了极好的亲子关系，使得孩子什么都喜欢告诉父母，基本不叛逆。孩子有问题时妈妈及时和老师沟通，我们在私下里做的很多努力和交流都是这名学生不知道的，慢慢地他也有所改变，走上了常规眼光里的"好学生"之路。因为沟通顺畅，且家长本身的专业素养，孩子基本接受家长和老师的评价，对这名学生的生涯指导也做得比较顺利。

2. 来自同学朋友的评价

青春期的孩子，除了关注自身之外，最让他在意的往往不是家人而是同学和朋友。高中是孩子走向成年的最后一站，他在这时逐步脱离心理上的断奶期，不想受到父母家人太多的羁绊，渴望独立、自由、友谊甚至爱情。他的社交圈子开始变大一点，对朋友的挑剔性和依赖性都有所加强。因此，他对同龄人的评价变得尤其在意。

班主任要让学生学习正确评价别人以及正确看待别人对自己的评价。高中阶段有很微妙的人际关系，"社交"开始渐渐渗透进他们的圈子，有些孩子因为处理不当导致人际关系出现严重的问题。在这里，肯定有他自己的行为因素，还有重要的一点就是他缺乏对自己的正确评价，所以也对来自别人的评价不认同继而不知所措。

班主任不妨利用班会来帮助学生注意到自身评价和他人评价的差异性，从而对自己有一个更全面的认知。如进行下面这个互动式的小游戏：

（1）班主任给出一份清单（清单具体内容可自行增删），请大家分别从中找出自己表现最明显的五个优点、三个缺点。

优点：	自律	有恒心	幽默	乐观	勇敢
	谦虚	勤劳	有上进心	有主见	诚实
	独立	认真	温柔	热心	讲义气

第三章 高中班主任指导学生生涯规划的前期准备

聪明　　　友善　　　细心　　　自信　　　善解人意

我的评价_____

缺点：冲动　　　幼稚　　　粗心　　　不负责任　　无主见
　　　自私　　　情绪化　　脾气暴躁　冷漠　　　　拖沓
　　　不守信用　懒惰　　　固执　　　自负　　　　爱批评别人

我的评价_____

（2）分成四人小组，每组分到其他四名同学的名单，在大家的集体讨论下写出对这四名同学的评价关键词，和自评时的要求一致。

他人对我的评价_____

（3）反馈评价的两种方式：

A. 老师收回评价，念出每名同学的自我评价和他人评价（他人评价可以以匿名方式进行，根据班情自行决定是否匿名），出现非常不一致的情况时，优点可以由其他小组继续评价其合理性，缺点可以借助私下里的其他方式进行讨论或沟通。

B. 老师收回评价，发回本人手中，可以用随机提问的方式请该生在对照评价关键词后说出自己的感受。

类似的班会方式还可以有很多种，班会的目的不是要呈现对学生的评价，而是要让学生知道，每个人的自我评价和他人评价都会产生一定的差异性。当你评价自己时，还会不自觉地放大自己的优点，缩小自己的缺点，会选择一些可能无伤大雅的缺点如"幼稚、拖沓、粗心"等，而不会选择看上去比较严重的缺点如"自私、冷漠、不负责任"等，这是人之常情。他人的评价，尤其是匿名评价，往往会比较犀利，但是直指痛处，而且这些评价随着对象人群的变化还会出现差异性。学生在此要学会的是反思自己，不能忽略自己的某些不足，更不能无视自己未察觉的特质，性格是如此，其他方面也是如此。

这种互换测试还可以更换其他评价型词语，针对的范围也可以更窄，内容更细化，如借助九型人格的关键词评价，借助DISC测试的关键词评价等，可以进行修改设计后用于小游戏型的班会，无论使用哪些，都可以关联到学生的职业选择方向。这和借助全套的心理测试量表进行的评价没有本质的区别，只是更加简

凡心所向，一苇以航
高中班主任指导学生生涯规划策略谈

化，除了自我评价还有来自同学朋友的评价，更有其感性的一面。如热心型的同学，非常适合做社会型的工作。很守时自律的人当然胜任很多种职业类型，尤其是需要严谨细致的工作，相对来说自由散漫的人可能更适合偏设计类、农林类等对时间效率要求不高的工作。

第二节　班主任指导学生生涯规划的自身条件

有些高中班主任老师把更多的时间花费在学科教学和日常的德育工作上，对生涯规划方面的指导因为陌生或者怕麻烦而有些不愿涉足。但既然已知生涯规划对学生意义重大，且班主任能够帮助学生的意义胜过心理老师和职业规划师，那么高中班主任还是要加强自身储备，以便能游刃有余地全方位指导学生。

班主任自身应该具备哪些基本条件呢？

一、至少送过一次高考

送一次高考意味着班主任至少跟班走过一次大循环，伴随着学生们的三年成长，熟悉每一个孩子的秉性、特点、爱好、家庭、志向等，这样能较为准确地针对学生本人提出契合他的建议，不至于出现太大偏差。

送一次高考还意味着可以参与学生填报志愿的前后过程，将自己不熟悉的流程一一走过，了解志愿填报的最新要求，了解特殊招生政策的最新变化。

送一次高考除了可以感受学生们考上大学后喜讯频传的欣悦，还可以摸底本校什么档次的学生可以考上什么档次的高校，这是宝贵的第一手资料，可以更精准地为下一级的孩子和家长提出建议。

凡心所向，一第以航
高中班主任指导学生生涯规划策略谈

送一次高考还可以获知一些家长分享的报考经验、某些高校的特殊招生政策、某些专业的特别之处，尤其是冷门专业和新兴专业，以及未来的职业走向。

二、至少读过生涯规划的专著

班主任可以借鉴一些国外学者的先进科学的生涯规划学说和职业测评量表。

国内的生涯规划虽然起步较晚，但也发展了数年时间。而且因为是针对中国国情的研究，所以更加适合国情。国外的专著虽然专业精深，但对班主任的指导实践来说，国内的研究专著要更加实际一些，毕竟班主任的首要职责并不是搞科研。

在中国，青少年生涯指导方面的书不是太多，比较研究的时间不算长，更多的是编著类的书籍，还有一些教科书类的书籍。对高中班主任来说，除了理论指导之外，可以有针对性地阅读一些关于高中选科、志愿填报、大学专业介绍、职业体验、班级研学、社会实践等方面的著作，可以帮助了解政策、指导日常、组织活动。

三、至少带班组织过生涯探索活动

优秀的班主任总是愿意尝试有意义的班级活动，学校更加重视素质教育，也会响应教育部的号召给学生创造更多机会，从高一到高二结束的两年里，利用寒暑假、国庆、五一等节假日，可以开展很多生涯探索活动，如研学旅行、职业体验、生涯访谈、参观考察类社会实践、志愿公益服务等，都可以成为班级组织的绝好活动。

学生们在校外的活动，不仅加深了同学间的情谊、增强了班级凝聚力，还锻炼了多方面的能力。即使是老师，在带队组织和体验中也会获得别样的感触，了解到不同的行业特点，不再简单地停留在"隔行如隔山"里。这些体验无论是指导学生职业选择，还是积累生涯指导经验都是宝贵的财富。事实上，高中三年下来，真正可以组织起来的大型生涯探索活动并不会很多，还须在学校和家长的大力支持之下，所以班主任要做个有心人，留好这些第一手资料。

四、至少开设过生涯主题的班会

开班会对班主任来说是驾轻就熟的事，但生涯指导主题的班会有些班主任三年都没有尝试过，这其实是德育教育的一大缺失。德育，并非只是简单的品德教育，应该关乎学生的全面发展，所以生涯规划教育不应该被缩减掉。

进行校外生涯探索活动要受很多限制，而校内的生涯主题班会或者其他生涯规划课程则要相对便利得多，而且某些性质的主题更适合以班会形式进行探讨和指导。

高一时针对入学须适应初高衔接、高中课程难度大、有挫败感等问题，可以开设"学业指导"系列主题班会，针对学年末要进行的选科走班可以开设"学长学姐经验谈""选科的关键因素"等主题班会，还可以开设"如何正确评价自己""他人眼中的自己""我的职业价值观"等自我认知的系列班会。

高二时适合组织多样化的生涯活动班会，可以开设"我们的研学之旅""职业体验总结班会""研究性学习答辩班会""职业访谈面面观"等主题班会。

高三时面临即将到来的高考，学习会变得紧张忙碌，对前途或许仍旧迷茫待定，可以开设"我的梦想大学""大学专业介绍""强基与综招介绍""志愿填报指导"等系列主题班会。

总之，班主任作为生涯规划的指导者，可以和心理老师通力合作，既从心理上、性格上、特长上了解学生，又从学业上、报考上、实践上指导学生，不需要有太多畏难情绪，只要去做，即便是未知领域，也可以走出自己的一条道路。

第四章　高中生学业生涯规划

第一节　选科攻略

2017年，高考改革后，新的高考模式带给高中生最大的冲击，就是高一时学生就要面临着选科的决定，选科优点是不再是固定的文理两科，可以由着自己的心意文理兼备。这种模式实施后也出现了一些弊端，比如有的科目因难度过大而被弃选，如物理、化学，有的科目因学生缺少兴趣而被弃选，如政治，这样还造成了物理等难度大的学科"学霸"云集的状况，也使得成绩中下等学生很难赋到不错的等级分，当然还因为物理是选科报考志愿相对最广泛的学科，也使得一部分学生难以割舍。

既然选科复杂又多变，还关系到两年后的志愿填报，就需要学生在高一期末到来之前就做好相应的准备，班主任在这方面的指导不可或缺。而且即使做了准备，还是会有学生出现后悔的情况。在笔者所带的2022届高考班级里，就有四名同学陆续在高二时提出换科申请，而且其中的三名学生还是在高二下学期才提出换科要求，甚至有一名在高二结束时才提出。理由其实不难猜度，肯定和成绩赋分不佳有很大的关系。这也从侧面反映了高一选科需要慎之又慎，否则换科带来的"试错"后果必须自己承担。

那么，高一选科要注意到哪些决定性因素呢？

凡心所向，一笔以航

高中班主任指导学生生涯规划策略谈

一、选科的决定性因素之一——赋分成绩

选科的依据虽然不少，但最重要的三个因素不可忽视，那就是赋分成绩、专业限科和兴趣爱好。之所以将赋分成绩放在第一个，不是它最重要，而是基于对学生的调查结果反馈和对家长、老师的采访了解。社会上其实一直不乏唯成绩论，大部分家长也认为不管怎样，考个高分进个好大学更重要，在他们眼中学什么专业和孩子喜欢什么都是次要考虑的因素。这种观点可以理解，毕竟招聘市场的残酷、动辄本科211以上高校毕业的招聘标准逼得学生和家长先把目光放到大学的档次上。这三个因素的重要程度其实很难排序，每个人看重的因素也不确定，而它们之间也互有关联，做综合参考是很有必要的。

选项	小计	比例
A. 兴趣	88	27.59%
B. 成绩	174	54.55%
C. 专业需求	57	17.87%
D. 其他	0	0%
本题有效填写人次	319	

（此调查问卷数据来源于山东省青岛第68中学由艳慧老师）

从上表中的319份有效问卷来看，有超过一半的学生认为成绩是决定选科的第一要素。这是意料之中的结果，毕竟很多学生和家长都会认为先考上一个好大学最重要。但是"成绩"不是一个能被"绝对"衡量的事物，选科中的"成绩"因素也是相对而言。举个简单的例子，高一时全体学生都学物理，小G同学位居"中上游"，选科时他觉得物理成绩尚可而且学了物理将来报考专业范围极广，但没想到高二时考完物理被赋等级分之后，他在"学霸"众多的群体里只能被赋分到勉强的"中下游"级别。众所周知，几乎没有学习比较差的会学物理，这就使得高一时的绝对分值与高二、高三的等级赋分之间有了差异。所以，"成绩"因素不能被绝对化地考虑，还要考虑到它在选科之后的影响。

第四章 高中生学业生涯规划

山东省2017级学生选课组合统计				
科目	学生总数	选课学生数	人数	占比
历史、化学、生物	547 031	533 405	19 302	3.62%
历史、地理、化学	547 031	533 405	26 444	4.96%
历史、地理、物理	547 031	533 405	24 790	4.65%
历史、地理、生物	547 031	533 405	59 944	11.24%
历史、物理、化学	547 031	533 405	10 894	2.04%
历史、物理、生物	547 031	533 405	6 996	1.31%
地理、化学、生物	547 031	533 405	53 646	10.06%
地理、物理、化学	547 031	533 405	36 816	6.90%
地理、物理、生物	547 031	533 405	36 140	6.78%
思想政治、化学、生物	547 031	533 405	22 073	4.14%
思想政治、历史、化学	547 031	533 405	8 335	1.56%
思想政治、历史、地理	547 031	533 405	89 067	16.70%
思想政治、历史、物理	547 031	533 405	4 219	0.79%
思想政治、历史、生物	547 031	533 405	14 870	279%
思想政治、地理、化学	547 031	533 405	10 283	1.93%
思想政治、地理、物理	547 031	533 405	6 220	1.17%
思想政治、地理、生物	547 031	533 405	18 625	3.49%
思想政治、物理、化学	547 031	533 405	7 895	1.48%
思想政治、物理、生物	547 031	533 405	6 927	1.30%
物理、化学、生物	547 031	533 405	69 919	13.11%

以山东省2020届高考生的选科数据为例，选择政史地和选择理化生的学生比例最高，也就是传统的纯文和纯理组合，两者加起来占选科人数30%左右，除此之外选择史地生和地化生的学生人数也超过了10%，可以说，"3+3"的选科模式存在着20种的组合方式，但其中政史地、理化生、史地生、地化生这四种选科组合就占到了考生人数的一半，其余16种组合的选择人数都只能算小众了。

对于哪种选科组合是最佳组合，历来众说纷纭。有的专家认为理化生和理化地的组合在报考志愿时专业选择范围最大，是最不受限的选科组合；有的专家认为史地政组合人数虽多但"学霸"最少，在等级赋分时最占优势；有的专家认为史地生的组合相对来说需要记忆力的知识比较多，更简单好学，适合学习能力不够强的学生；有的专家认为政理化的组合看起来难学，但是对将来考研最有益处……其实选科没有绝对的"最佳"，只有针对个人的"最适合"。不看选科成绩

凡心所向，一笔以航
高中班主任指导学生生涯规划策略谈

肯定不行，如果学生的六科刚好强弱分明，那大概率不会难以抉择，但大部分学生并非如此，那成绩因素就必须考虑。如笔者班上的四名高二又改选科的学生就是成绩不佳造成的，但其实选科成绩不佳也是一个发展的过程，高二的学习难度普遍大于高一，有的学生对学科的困难估计不足，以为补补课成绩就上去了，这种认知也造成了对自我认识的偏颇，但有一定的不可预估性。

而只看选科成绩也是不科学的，成绩本身是有一个发展曲线的，而且还要受多种因素影响，它只是选科的一个参考面，不能当成唯一因素。学生小A，是一个不偏科的、门门优秀的孩子，是重点高中里的妥妥的"学霸"，也没有特别的偏爱科目，所以在选科时就比较纠结。最后他决定按照高一结束前最后一次期末考试排名最高的三科来做自己的选科——地理、化学、生物。这个选择看似有一定的科学性，其实对不偏科的学生来说带有很大的偶然性，换一次考试成绩他可能就会出现不同的选科结果。等到了高三，当这名学生对芯片技术产生兴趣，并决定报考与芯片制造技术相关的专业时，才知道与芯片相关的专业基本都是微电子科学与工程和集成电路方向的专业类别，清华大学的集成电路学院、北京大学的软件与微电子学院、复旦大学的微电子学院、上海交通大学的微电子学院、电子科技大学的电子科学与工程学院等都是国内一流的研究此类顶尖科技的高校学院，它们有一个共同点，就是选科要求必须学习物理。这名学生追悔莫及，在没有明确目标的时候简单地按照成绩选了科目，没有做更深入全面的思考，也没有提前考虑自己未来的职业方向，才会落得退而求其次的结果。

学生小B，成绩中等偏下，在确定了选择历史和政治之后，在化学和地理之间犹豫不决。因为剩余的两科她高一就成绩偏弱根本不再考虑，相对优势的两科已选，剩下不上不下的两科不知该如何抉择。最终，她根据化学的排名比地理略高的原则选择了化学。从该生的选择看这是一名偏文的学生，而化学公认是难度偏大的理科学科，该生在年级中化学的排名只比地理高十几名，基本是可以忽略的一个比较。果然在高二进行了几次小考和期中考试之后，小B同学化学只能赋分到40分，已经确实不适合继续学习该科了。她果断提出改为选修地理，凭借着自己的刻苦再加上拼命追赶已学知识的心态，她用了短短两个月就完全追上了选修地理的进度，在高二上学期的期末考试中地理等级分达到了80分，足足比选修化学高了 40 分，总成绩也因此上升到了年级中游。这次改科无疑是明智的，在高一成绩相若的学科难以取舍时不妨多问问老师和学长学姐的建议，再提前看看高二的知识点和习题讲解来帮助自己判断，而不要简单化地以名次高低来决定。

二、选科的决定性因素之二——专业限科

"3+3"的高考模式倒逼学生和家长在高一时就要提前决定大学专业方向，即使没办法细化到具体专业，但对有报考意向的大致专业方向还是要考虑的，而且因为将来填报"96 个专业＋学校"志愿时有许多的不确定性和多选择性，这个专业大方向最好也要稍微多样一些。

学生和家长在考虑大学专业方向时往往也是有多方面的考量，比如个人爱好、就业方向、行业薪资、家族人脉、是否利于出国等，在综合了多因素之后再结合孩子的具体学习情况就可以进行大范围的筛选了，而在专业筛选过程中必须结合具体大学的限科要求并做好记录来做最后的参考。依靠大学专业来帮助选科要注意以下几个问题：

1. 相同专业的限科共性

大学目前有七百多个细化的本科专业可以报考，这些专业有很强的相似的选考科目共性。如政治学类往往要选修政治或历史，电子信息类的要选修物理，西医类的往往要选修理化生三科中的两科以上，中医类的往往要选修理化生中的一到两科，法学类、语言类等往往不限选科。

因此，了解到专业的限科共性是高一选科的基础，如果学生已经有了比较明确的专业方向，就必须了解到这个方向的选科要求，再结合自己的具体学习情况来做取舍。假如学生还没决定好自己的专业方向也不要随意按照报考范围最广的选科组合来决定，还是必须参考其他要素。最典型的就是物理学科，大家都知道选修物理之后据说 95% 的专业都可报考，但必须结合自身是否适合学习物理来做辅助判断，因为物理学科的难度也是有目共睹的。不过在相似的条件基础之上，

凡心所向，一笔以航
高中班主任指导学生生涯规划策略谈

相对来说选择传统理科学科多一点的组合，确实在报考志愿的广度上更自由，而且专业位次的要求上也会略有下降。

最后要提醒的是，共性中有明确硬性要求的必须提前了解，以山东省高考志愿填报为例，不少同学在高考结束后准备报考军事类和公安政法类提前批高校时才知道，中国人民公安大学大部分专业要求选修思想政治，剩下的小部分专业要求选修物理或化学，国防科技大学除了有6个专业要求选修思想政治、历史或地理之外，其余40个专业都要求选修物理。而海军大连潜艇学院、海军潜艇学院、空军工程大学、空军预警学院、火箭军工程大学、战略支援部队航天工程大学等军事类提前批全部专业都要求选修物理，绝大部分的公安类院校要求选修思想政治，不限选科的专业凤毛麟角，可想而知那也将是竞争力巨大的志愿填报。

2. 相同专业的不同选科限制

不少学生和家长在深入研究报考志愿之前，对选科往往有一种认识误区，觉得相同专业的选科要求应该都差不多，其实相同专业不同高校的要求是有差别的，而且这种差别概率还很大。这就提醒家长和学生，如果有心仪的高校，一定要具体到该校的专业选科要求去查看。同时最好查看该专业的多个大学的选科要求，做到心中有数。

如"临床医学"专业，山东大学要求选修物理、化学和生物，清华大学要求选修物理和化学，中南大学要求选修化学和生物。

如"应用心理学"专业，北京大学要求选修物理，北京师范大学要求选修物理或化学，中国政法大学不限选科，山东师范大学要求选修物理或化学或生物。

如"建筑学"专业，厦门大学要求选修物理或历史或地理，华南理工大学要求选修物理，深圳大学要求选修物理或生物或地理，长春工程学院要求选修物理或生物或历史，太原理工大学要求选修物理和化学。

如"经济学"专业，华中科技大学要求选修物理或化学或生物，中央财经大学要求选修物理，中山大学要求选修物理或化学，武汉大学不限选科。

从上面的举例可以看出，因为不同的高校对选科的不同要求，使得学生在对大学志愿的准备中要做到尽量细致，尤其对某所高校有特殊情结的学生，务必在选科前搞清楚要求。反过来看，也不要对一个专业的选科限定轻易地下结论，多做一些高校的了解，可能会有不一样的收获。

3. 选科、专业与未来职业的关系

学生因为对大学的专业了解有限，所以对未来职业的走向也不甚清楚。所以对选科的了解不能仅仅限于报考志愿的要求，还应在生涯规划时多做一点准备，将选科、大学专业和未来职业的关系考虑得更加全面一些。

以学生为自己规划成为一位建筑师进建筑设计公司为例。可能在未做深入了解时，学生仅仅知道学习"建筑学"专业可以成为建筑师。但其实除了建筑学专业，建筑设计、城市规划、城乡规划、建筑工程、房屋建筑工程、风景园林、建筑装饰技术、环境艺术等专业都可以考建筑师证。所以，如果学生有志于成为一名建筑师，本科专业报考时这些相关专业都可以作为志愿填报，当然前提是选择了相应要求的高中科目。

再比如有学生想成为一名执业医师，西医和中医都包括的话，大学的相关专业有临床医学、口腔医学、精神医学、麻醉学、中西医临床医学、中医学、针灸推拿学、中医骨伤学、儿科学、眼视光医学、医学影像学等。但是，国家有明确规定，基础医学类、法医学类、护理学类、辅助医疗类、医学技术类等相关医学类和药学类、医学管理类毕业生不予受理医师资格考试报名。因此，在报考志愿时，想成为职业医师的同学就不要去报考护理学、药学、康复治疗学、基础医学、预防医学、眼视光学、口腔医学技术、医学影像技术、医学检验技术、法医学等专业，即使这些专业都是医科大学里的正规专业，否则成为执业医师的梦想就要破灭了。

另外，选科会直接关联到大学的专业，对大学专业的不够了解反过来又会误导选科。如果学生到了报考时甚至到了就读大学时才发现专业不是自己想要的，而想报考的专业又受到了科目的限制，即使想修双学位也会有高中知识缺失的不足。因此，对选科、专业与职业的了解，一定要放远眼光，不能仅仅关注眼前。

综上，选科看起来只是高一结束时的一个选择，但其实就是学生踏向未来生涯的第一个重要的十字路口，未雨绸缪，精细规划，才能不让自己后悔。

凡心所向，一苇以航

高中班主任指导学生生涯规划策略谈

附：新高考选科专业对照表

（此表并不能完全解读对应大学专业，但能粗略地进行简单对应归类，同时也能更直观地提醒学生和家长，选科不要盲目，务必想好未来专业和职业方向。）

学科	专业	学科	专业
历史	考古学	政治	哲学类
	民族学		法学类
	汉语言文学		历史学类
	历史学		经济学类
	地理学科		政治学类
	政治学科		教育学类
	世界历史		社会学类
	文物保护技术		工商管理类
	马克思主义研究		公共管理类
	中国共产党历史		马克思主义理论类
物理	海洋科学类	生物	生物工程类
	应用物理学		植物生产类
	工程力学		科学类
	电子科学类		环境生态类
	地球物理学		环境科学类
	材料科学类		医学类
	热能与动力工程		森林资源类
	信息与电子科学类		草叶科学类
	测控技术与仪器		动物生产类
	核工程与核技术学		水产类
	航天航空类和武器类		动物医学类
	理论与应用力学	化学	核工程类
	机械类		地质学类
地理	旅游类		化工与制药类
	地质勘探类		应用化学
	气象类专业		林业工程类
	城市规划类		生物科学类
	酒店管理类		材料类
	地图测绘类		食品科学与工程类
	资源管理类		医学技术类
	地理教育类		公共卫生与预防医学类
	水利水电类		

三、选科的决定性因素之三——兴趣

"兴趣是最好的老师"是我们耳熟能详的一句话，但当家长们在孩子高中阶段的时候，尤其是在繁重学业的困扰之下，报考大学时"兴趣"往往就被放到了不太重要的位置。而事实上，兴趣本身，无论学生到了哪一个阶段，都会是他前进的动力，能帮他渡过难关、忍受寂寞、咬牙拼搏，更会在兴趣的陪伴下取得意想不到的成就。所以，在选科的时候，兴趣这个非功利的因素是不可或缺的。

从前文的那个影响选科因素调查表数据来看，27.59%的学生认为兴趣最重要，比专业需求这个选项高出了近10个百分点，也就是说，即使在强大的成绩压力下，还是有不少学生不愿意放弃自己的兴趣爱好，希望在自己的生涯道路上有它陪伴。这其实是难能可贵且可喜的现象。

现在的社会里，钱理群教授提到的"精致的利己主义者"并不少见，这类人的出现有家庭原因、教育原因和社会原因，其中"唯分数论"是造成"精致利己主义者"的教育原因，这样培养出来的所谓"人才"，很大概率会为了个人的需求损害他人、集体甚至国家的利益。不在学生中提倡"唯分数论"，鼓励学生为了自己热爱和追求的梦想去奋斗，才有可能铸就真正的人才，而非一群只知上好大学找好工作有高收入有舒适物质生活享受的人。

小时候，孩子的好奇心很重，兴趣也会很多，家长往往还会给孩子报多个兴趣班，对自己的孩子进行多元化的培养。但事实上，我们都知道，能将兴趣保留到高中阶段的，数量上已经不可能太多。在成长的也是取舍的过程中，会淘汰掉一些短期的、一时冲动下的所谓兴趣，能留下来陪伴自己走过多年时光的才是真正的兴趣。

在笔者带的 2022 年即将高中毕业的班级里，最初有 7 名学生是以特长生身份考上省重点高中的，这既代表了他们的特长水平居于同龄人前列，又代表了他们可以将这份从小锻炼提升起来的"兴趣"变成自己职业生涯的一部分。在高三时，这七名特长生继续选择以高水平运动员和艺术生的身份参加高考。除此之外，还有四名同学分别准备以美术生和文学编导类艺术生的身份参加高考，这里面除去其他因素，自己的"兴趣"使然让他们决心将来以此为职业，是最大的原因。

凡心所向，一苇以航
高中班主任指导学生生涯规划策略谈

再如学生小 L，虽然她入学时并不是艺术生，但一直担任班级的宣传委员，活跃于艺术节、运动会开幕式、戏剧节、班级美化等诸多学校活动，屡次帮助班级获得艺术奖项，同时还在写作、影视、摄影等方面有着很高的热情，这使得她在高一结束前就将自己的高考目标定到了中国传媒大学的广播电视编导专业方向上，并从那时起就开始了自己的奋斗。只有以兴趣做基石，才有可能扛住文化课和专业课两座大山的重压，才能不抱怨、不沮丧地，元气满满地投入每天繁重的课业中去。

还有一名喜欢心理学的学生小 H，有志于报考北京师范大学的心理学专业，但在山东省，北师大的分数居高不下。很喜欢玩游戏的他，在高一和很多贪玩的男生一样，对游戏念念不忘，这导致他的成绩始终在中下游徘徊。进入高二之后，随着学业的加重、高三的临近，还有他自己认识到的"游戏玩过了也没多大意思了"，他把重心慢慢转到了学习上。梦想还在前方，因为北师大的心理学要求选修物理或化学，他也在选科时考虑到了，所以高二时他对理化的学习进行了"还债"式的补习，还要兼顾因游戏荒废的其他主科。越到后来，学习的劲头越足，每次完成了阶段性学习任务还向我报告。可以想象，在重点高中的竞争压力之下，往前追是相当辛苦的过程。虽然他走了一段弯路，但最终能回到正轨，还是因为当年的兴趣。相信无论最终梦想是否能实现，为梦想做的准备都不会白费。

我做了市级名班主任工作室主持人之后，常常向已毕业的学生约稿，请他们谈一谈对生涯规划的认识及走过的路。王博文同学，一个一直低调前行的二中（青岛二中）人，坚持着走自己喜欢的路，下面是她对学弟学妹们的建议：

> 我一直认为，一个人要保持前进，弄清楚"原动力是什么"很有必要。说句放肆的话，哪怕你只是因为某个爱好而想去那里，也算是一个目标，只要它能让你有持续不断的原动力。这种珍贵的原动力，我的认知里就是两个字：热情。
>
> 要找到自己喜欢的事，首先要不停止地去了解自己是一个什么样的人。在做什么的时候你会不知疲倦？在做什么的时候总游刃有余？是稳扎稳打更拿手还是奇思妙想更拿手？带给你痛苦和烦恼的东西是否拥有

第四章　高中生学业生涯规划

共性？而带给你喜悦的又往往是何种瞬间？……诸如此类的问题也许可以帮助你思考并缩小目标范围。

……

在教育阶段，我是个目标清晰的人。高中时我加入了二中电视台，完成了一个自编自导的微电影，从此我把成为作家的理想转移到了成为电视人上，确定了兴趣方向。在网上搜索得知这样的专业叫作"广播电视新闻"，再查了排名，我确定了想去的几所大学。华中科技大学是当时专业排名第五的学校，我能以第一志愿专业进去还是很开心的，但因为那时我的理想学府还是复旦，所以大一进去后我就把保研政策研究好贴在宿舍桌子前。参加比赛、拍摄作品、好好上课、用心实习，两年半的成绩拼凑成综排第一完成了保研的目标，回头发现一路竟然还算顺利，我只觉得好幸运。那时身边的同学常会冲我感叹："你的青春竟没太迷茫。"而出乎意料的是，我实是后置型选手。当真正进入社会之后，随着眼界和阅历的增长，原先清晰的目标瞬间失焦了，我不再那么清楚接下来真正想做和适合做的方向，但这种迷茫跟刚入大学时的那种迷茫不同，是因为"多知"造就的新型"无知"状态，是要结合自己的气质去思考热情安放的方向，是重新塑造和厘清原动力的阶段。这也许是职场与校园体感的差距所带给我的，也可能是所谓的原动力就是这样一种不断确认又不停前进的存在。所以你现在所认为的原动力之事，以后也是会有变化的可能的，而你要做的，就是一个随时打开自己拥抱未知可能的心态。

……

在面试等场合我曾多次答过这个问题——我为什么喜欢这个专业？

在今年之前，我的回答一直是：是可以像写小说一样，把自己脑中所想变成声画展现给他人，从而完成自我思想的表达以及影响别人向好的愿望。

但从综艺导演回归做了半年记者，又拍了久违的纪录片，直到前些日子我才发现，我之所以能一直不离开这一行，是因为了解外界的热情

凡心所向，一苇以航
高中班主任指导学生生涯规划策略谈

可以治愈这个孤独而自苛的自己。

　　在创作作品的流程里，采访是我非常享受的过程，与他人的对话能成为提升自己的营养，而短时间内迅速判断出对方身上的可圈可点之处也会给自己带来成就感，后期剪辑，将边角的真实情绪点剪辑出节奏，让观众动容，更是我最爱看到的场面。相信在二中同学、老师的印象里，我是一个内向寡言、怯生细腻的人，任何细枝末节的心思都写在日记里、写在周记上、写在小说里、写在诗歌里，就是不太愿意说出来；而现在我成了一个可以侃侃而谈、愿意拥抱陌生的人，可以快速获取陌生人的信任，这大部分是专业带给我的。实际上我的性格并没有变得外向，我只是借着创作的需求让内心盛大的热情有了释放出口，不那么难就能溢于言表。

　　这就是我从事媒体行业的原动力，所以我辛苦常有，疲惫少谈。

　　我一直视之为"事业"，而非"工作"。

　　王博文同学是青岛二中的一名普通学生，本科就读于华中科技大学新闻与信息传播学院广播电视学专业，2016年保送至复旦大学新闻学院攻读广播电视学硕士，现在已经是上海一位媒体人。她或许不炫目，不耀眼，但在当时还不明确地提"生涯规划"这一名词时，她已经默默选好了自己要走的路。不管是在高中拍摄微电影，还是华中科技大学广播电视学专业的志愿选择，还是本科入学就已经规划好保研复旦大学，是她的"兴趣""喜欢""目标"造就了现在的她，而且她也确实一直没有辜负自己，她说她从事的叫"事业"，而不是"工作"。对此，笔者深觉,她的职业幸福是因为做着自己喜欢的事,所以虽"辛苦"却不"疲惫"，幸甚幸甚！

　　综上，班主任在指导高中学生进行选科时，务必将以上三个重要的因素和它们的关系讲清楚，让学生和家长尽可能地考虑多方面因素，不盲目、不随意、不功利，让孩子的生涯规划从高一就开始，才会少走后悔的路。

第二节　了解大学

梦想中的大学，其实并不是从大一才开始。

一个人明确最想去的大学，最晚应该从高中开始，当然高一时就明确要更好一些。如果从高考后甚至查询成绩之后才考虑，那实在太晚了。新高考填报志愿方式启动的好处之一，就是你不用担心被调剂到一所你不想去的大学和不想去的专业。如山东省这样3+3地区的考生，只要你的志愿不是报考得特别盲目或者缺乏层次性，96个志愿总会有一个托住你的，所以基本上考生们都会去自己想去的学校和专业。

但即便如此，也有同学在上了某大学某专业之后，会悔不当初。这种后悔，并不是指后悔当年不够用功，而是指读了某专业后才发现与脑海中浅层次的认知相去甚远，更不要说还有的学生在工作后才发现该职业并不是自己想要的。举一些身边经历的实例：

学生小S当年高考分数不高不低，去了一所普通本科的最热门专业，不是因为了解，仅仅是因为该专业排名比较高。读了之后才发现自己对此专业毫无兴趣，早早放言不会在毕业后从事相关职业，勉强读完四年，他转身就去尝试做自己喜欢的工作。即使有受挫，也难以最终稳定下来，却不见他有半分后悔的模样。这样的例子其实并不少见。很多学生因为之前只顾埋头学习，并不关注各类院校信

凡心所向，一第以航
高中班主任指导学生生涯规划策略谈

息，对专业了解也不够，往往只对分数高的院校和专业感兴趣，而并非从心出发，这样很容易引发未来学习的倦怠。如果并非真心喜欢这个大学和专业，又如何能保证学习的热情和深度？如果都像学生小S这样，工作和专业不相符，这对大学教育和国家建设来说，又是多大的浪费？

学生小J高考分数非常一般，当年在民办高中里懵懵懂懂地被塞到了美术生的班级，半路出家的美术生自然专业分数不高，刚过联考省线的她其实连美术类本科也录取不了。在选择专科志愿时，又将"口腔医学"和"口腔医学技术"专业混为一谈，而且诗与远方的诱惑也让她对省外院校充满了兴趣。专科第一志愿录取后她本是兴冲冲地前往，却被大学所在的四线城市的落后击退了热情，再得知更改专业的不确定性后，没有度过军训就打道回府选择复读。口腔医学是医科的热门专业，为培养未来口腔医生而设，属于医学学士；口腔医学技术专业学习的则是"口腔治疗技术与工艺技术"，毕业后"从事口腔义齿加工工作"，属于理学学士，当然更低层次的专科生也可以胜任。所以两个专业看起来相似，其实工作性质差别极大。倘若对大学和专业在报考前有足够的了解，是不是就不会发生这样的事情？一年之后，小J报考了心仪的"针灸与推拿"专业，安心地在省内一所高校开始了务实的大学学习。

学生小C来自贵州省的贫困地区，在中国海洋大学本科就读教育学专业。在偶然的一次接触中，得知他正在为准备论文及报考硕士研究生做调查问卷，当他谈及当年在填报志愿时，他说基本是懵懂的，说当时只是向往走出大山，希望来到海边看看，又觉得分数差不多，就报考了中国海洋大学。四年过去眼界开阔了的他不再是那个茫然蒙昧的男孩，他说他一定要告诉还在贵州省老家读高中的妹妹，提前规划好自己想走的路，不要像他一样几乎一无所知地来到一座城市一所大学。时光不会倒流，我从他略显遗憾的语气中听出，假如再给他一次机会，他可能会选择自己更感兴趣的院校和专业。虽然时代进步许多，但不能否认的是，相当多的老师、家长和学生本人依然聚焦在怎样提升分数考个更好的大学和专业，而不是考个更适合自己的大学和专业。这何尝不是另一种悲哀？

班主任如何指导学生去了解大学呢？有的老师总认为这是家长或学生自己的事，口耳相传也好，上网查询也罢，最终都能填满志愿，当然大部分学生也能接受自己被录取的专业和学校。但如果我们的工作做得再细致一些，再前瞻一些，不让任何一名学生出现低级填报失误，这又何尝不是一位毕业班班主任老师的奉献呢？

一、教会学生了解大学的正确"打开方式"

一些老师有个认识的误区，那就是网络时代动动鼠标便无所不知。但其实有不少家长和学生因为各种原因不能真正全方位地做出了解，而且"隔行如隔山"，不在教育圈内的人会觉得光是了解部分信息就已经"压力山大"，而且家长受自身、学历、素质见识限制的也不少，所以班主任利用班会、家长会、微信公众号等方式做一些普及性的讲解还是非常必要的。

告知学生所有最新招生信息都应官方渠道查询。互联网的优势毋庸讳言，但是缺点也不一而足，其中之一就是信息的混合掺杂、真伪难辨。所以了解大学信息，先要从准确的信息渠道开始。其实这个渠道很简单，只需要告诉家长和学生查询高考信息的两种官方渠道：一个是国家官方高考信息渠道汇总的教育部高校招生阳光工程指定信息发布平台——"阳光高考网"（https://gaokao.chsi.com.cn/），另一个是各大高校的官方网站。

如果家长希望再多一些搜集信息的渠道，一些权威性较强的微信公众号都是不错的选择，以山东省为例，"山东教育发布""山东高考一点通""山东考帮""山东高考指南""山东考试信息"等都在朋友圈里频频见到。只要有心关注朋友圈，分享到的资讯觉得很不错的进而加以关注，假以时日，就会积累越来越多的高考信息。

二、大学介绍系列班会："了解我的大学"

身为班主任，即使对大学了解得再多，也无法在班会上一一讲述分析给学生听，这种方式很容易遗漏个别学生关注的个别院校和专业，也不容易调动学生的

凡心所向，一苇以航
高中班主任指导学生生涯规划策略谈

积极性。更何况，学生发挥主动性，在搜集资料中进一步加深对大学的了解，继而接收到梦想感召的力量，是学生确立奋斗目标的重要方式。这一步，老师决不能替代。

大学介绍的系列班会操作起来并不复杂。可以有如下操作方式：

（一）按照全班学生的人数制作表格，自行填报希望介绍的大学名称

鉴于有些学生对大学不甚关注和了解，笔者通常会给出一定的大学范围供挑选。因为笔者所在的高中是省重点中学，有着优质的生源，所以基本把大学介绍的范围圈定在传统的985工程高校39所、211工程高校116所（含985高校39所），或者按照双一流建设高校（一流大学建设高校42所+一流学科建设高校95所）名单也可以，再补充上创办历史不长但实力不凡的高校，如上海科技大学、上海纽约大学、南方科技大学、昆山杜克大学、香港中文大学（深圳）、深圳北理莫斯科大学等，大概接近150所高校。以全班50名学生计算，每名同学介绍两所大学，大概可以给同学们推介100所高校，当然也不仅限于老师圈定的百余所高校，有的学生对不在此范围内的某所学校情有独钟，也可以自行替换。如果是生源较为普通一些的高中，或者是特色办学明显的高中，则可以另外划定推荐高校的范围。如招收美术生的特色班级，当然是以各大美院和综合类院校的艺术学院来作为推介对象，以音乐、舞蹈、服装设计与表演、文学编导等为特色的班级也可以同样另外圈定。男生多的班级可以适当推介军校、警校、飞行学院、航海舰艇学院等，女生多的班级还可以重点倾斜师范学院、文科相对好的高校等。总之，把高校名单列出来，可以极大地激发学生的探究热情，同时节约同学们的时间，在繁忙的高中学习阶段学生可以无须做大量准备就能足不出户地了解较多高校资讯。

（二）开设大学介绍系列班会，并在班级公众号上留下资料

大学介绍系列班会通常在高二下学期和高三学段进行。那时已经到了选科后的学科学习稳定期，也因为高三的逼近，学生对学业和未来志愿的选择需求越发迫切和明晰。

第四章　高中生学业生涯规划

班会可以用整节课进行专题推介，也可以用"微班会"的形式，与其他主题交叉联合进行。每名同学推介大学的时间大约在 5~10 分钟。大致流程如下：

1. 播放一段某大学的官方宣传片

此举既可以吸引眼球，又方便学生对该大学做一个形象、生动、整体性的了解。近年来，随着招生工作的逐渐扎实和丰富，大学也更注重自己的形象宣传，官方的视频通常会不定期更新。里面的校花校草级别的代言人颇能吸引住青春期的少年，当然还有美轮美奂的校园环境的镜头、高端的学科实验室和图书馆、先进的学科研究方向和优秀的师资，甚至还会放出众多的校园餐厅美食、整洁大方的宿舍来"诱惑"高中生们。总之，宣传视频的加持是必不可少的序曲。

2. 介绍最近三年该高校在本省各专业的最低投档线和全省位次

这是必不可少的一步，投档线位次代表了该高校的实力水平，也让学生有个基本了解并参照自己的成绩水平做基本推断。当然没有经历过高考实战的学生，很难对高考分数和位次有一个明确的认知，大多只能简单地和自己平日大考的成绩进行比较。所以，有经验的班主任，通常会有几个方法来帮助学生判断：

（1）提醒学生首先关注自己平时在年级内的排名情况，笔者所在的学校还对学生做了"一生一策表"的专项分析，由学生自己从高一到高三的成绩起伏曲线图，做一个带有跟踪性质的摸排；

（2）联系已经高考的学生，可以了解到他们的高考位次、已经录取到的高校，再联系他们三年来的成绩表现，就能大致明确在校内什么水平的学生可以考出怎样的省位次；

（3）通常高考前都有至少两次市级模考，而市级模考是提供位次参考的，所以带过高三的老师，也应收集全市模考的排名情况，以便大致明确全市排名和校内水平的基本相关性；

（4）有过几次经验之后，再加上请教其他高三老班主任，就会基本明确本校学生的位次与省高考位次、市模拟位次的相关性，这样对学生进行大致层次的说明，就不会对投档线和位次特别茫然。

凡心所向，一箭以航

高中班主任指导学生生涯规划策略谈

简单来说，一位有经验的班主任，会基本明白本校的学生层次与全市模考排名以及全省排名的比例关系，帮助学生做出适合自己定位的判断。如：

市排名	系数
前 300	乘 7.5
前 3000	乘 9
一本线上	乘 10
本科线上	乘 12~13

当然学生的成绩毕竟是一个曲线发展的过程，不到高考是无法真正判断的，但是前期的预估仍然是必要的，不论是奋起直追梦想还是分档次稳妥安排自己的志愿，都需要建立在对自己的合理定位上。

虽然现在是按照"专业+学校"的方式录取志愿，但大学的档次摆在那里，基本上还是传统的名校和国家评级高的专业分数线高，所谓"小年"就是"意外"或"运气"的代名词。当然按照现在的志愿填报方式，"专业"会被学生优先考虑，这毕竟和未来从事的职业密切相关。但也有一部分学生执着于"名牌效应"，更在意学校的档次，而对专业有相当大的包容度。所以，适当地了解心仪高校的各专业录取位次，了解"冷门"专业的录取情况，也能实现低分上名校的愿望。

3. 重点介绍高校的一个优势专业

每个高校都有自己的优势专业。更何况，学生对专业的了解更多地停留在名称上，还有的大学专业甚至都没听说过。对十几岁的高中生来说，某些热门的、传统的、熟悉的专业名称更能吸引他们，如"法学""临床医学""工商管理""计算机科学与技术""建筑学"以及各类小语种或者师范类专业。但假如你提到"社会学""软件工程""行政管理""能源与动力工程""土地资源管理""环境工程""工业工程""劳动与社会保障"这样的专业到底学什么，毕业后做什么，绝大多数学生会一脸茫然。再比如，"金融学"、"经济学"和"国际经济与贸易"，"园林"、"园艺"和"风景园林"，"中医学"和"中医康复学"、"中医养生学"，"新闻学"和"传播学"，"通信工程"和"电子信息工程"之类，它们的异同点究竟是什么，更是一头雾水。所以介绍大学的同时，能够穿插专业的介绍，也是很有必要的。当然大学介绍和专业介绍也可以分开进行，当一轮"大学推介"结束之后，可以进行下一轮"专业推介"。总之方式自定，但介绍得越多，对学生就越有帮助。

因为专业名称非常多，所以建议按照92个专业类别进行。根据《普通高等学校本科专业目录（2020年版）》，我国本科专业设置12个学科门类，92个专业类别，703个专业。具体分类情况如下：

哲学门类下设专业类1个，4种专业；

经济学门类下设专业类4个，17种专业；

法学门类下设专业类6个，32种专业；

教育学门类下设专业类2个，16种专业；

文学门类下设专业类3个，76种专业；

历史学门类下设专业类1个，6种专业；

理学门类下设专业类12个，36种专业；

工学门类下设专业类31个，169种专业；

农学门类下设专业类7个，27种专业；

医学门类下设专业类11个，44种专业；

管理学门类下设专业类9个，46种专业；

艺术学门类下设专业类5个，33种专业。

92个专业类别名称见下表：

学科门类	专业类
哲学	哲学类
经济学	经济学类、财政学类、金融学类、经济与贸易类
法学	法学类、政治学类、社会学类、民族学类、马克思主义理论类、公安学类、教育学类
教育学	体育学类、职业技术教育类
文学	中国语言文学类、外国语言文学类、新闻传播学类
历史学	历史学类
理学	数学类、海洋科学类、地球物理学类、天文学类、地理科学类、化学类、大气科学类、地质学类、生物科学类、心理学类、统计学类、物理学类

凡心所向，一苇以航
高中班主任指导学生生涯规划策略谈

续表

学科门类	专业类
工学	力学类、机械类、仪器类、材料类、能源动力类、电气类、电子信息类、自动化类、计算机类、土木类、水利类、测绘类、化工与制药类、地质类、矿业类、纺织类、轻工类、交通运输类、海洋工程类、航空航天类、兵器类、核工程类、农业工程类、林业工程类、环境科学与工程类、生物医学工程类、食品科学与工程类、建筑类、安全科学与工程类、生物工程类、公安技术类、工科试验班类
农学	植物生产类、自然保护与环境生态类、动物生产类、动物医学类、林学类、水产类、草学类
医学	基础医学类、临床医学类、口腔医学类、公共卫生与预防医学类、中医学类、中西医结合类、药学类、中药学类、法医学类、医学技术类
管理学	管理科学与工程类、工商管理类、农业经济管理类、公共管理类、图书情报与档案管理类、物流管理与工程类、工业工程类、电子商务类、旅游管理类
艺术学	艺术学理论类、音乐与舞蹈学类、戏剧与影视学类、美术学类、设计学类

在2021年3月，教育部又新增补了37个专业，至此，我国本科专业为740个。

列入普通高等学校本科专业目录的新专业名单（2021年）

序号	门类	专业类	专业代码	专业名称	学校授予门类	修业年限	增设年份
1	法学	社会学类	030307T	社会政策	法学	四年	2020
2	法学	公安学类	030621TK	反恐警务	法学	四年	2020
3	法学	公安学类	030622TK	消防政治工作	法学	四年	2020
4	教育学	教育学类	040113T	融合教育	教育学	四年	2020
5	历史学	历史学类	060108T	古文字学	历史学	四年	2020
6	理学	物理学类	070206T	量子信息科学	理学	四年	2020
7	理学	化学类	070306T	化学测量学与技术	理学	四年	2020
8	理学	大气科学类	070603T	气象技术与工程	理学、工学	四年	2020
9	工学	机械类	080217T	增材制造工程	工学	四年	2020
10	工学	机械类	080218T	智能交互设计	工学	四年	2020
11	工学	机械类	080219T	应急装备技术与工程	工学	四年	2020
12	工学	能源动力类	080505T	能源服务工程	工学	四年	2020
13	工学	电气类	080607T	能源互联网工程	工学	四年	2020
14	工学	电子信息类	080719T	柔性电子学	工学	四年	2020
15	工学	电子信息类	080720T	智能测控工程	工学	四年	2020
16	工学	自动化类	080808T	智能工程与创意设计	工学	四年	2020
17	工学	计算机类	080918TK	密码科学与技术	工学	四年	2020
18	工学	土木类	081011T	城市水系统工程	工学	四年	2020
19	工学	矿业类	081507T	智能采矿工程	工学	四年	2020

续 表

序号	门类	专业类	专业代码	专业名称	学校授予门类	修业年限	增设年份
20	工学	交通运输类	081811T	智慧交通	工学	四年	2020
21	工学	航空航天类	082010T	智能飞行器技术	工学	四年	2020
22	工学	公安技术类	083112TK	食品药品环境犯罪侦查技术	工学	四年	2020
23	农学	植物生产类	090115T	生物农药科学与工程	工学	四年	2020
24	农学	自然保护与环境生态类	090205T	土地科学与技术	工学	四年	2020
25	农学	动物生产类	090306T	饲料工程	农学，工学	四年	2020
26	农学	动物生产类	090307T	智慧牧业科学与工程	农学	四年	2020
27	农学	动物生产类	090406TK	鲁医公共卫生	农学	四年	2020
28	医学	公共卫生与预防医学类	100406T	运动与公共健康	理学	四年	2020
29	医学	医学技术类	101012T	生物医药数据科学	理学	四年	2020
30	医学	医学技术类	101013T	智能影像工程	工学	四年	2020
31	管理学	工商管理类	120216T	创业管理	管理学	四年	2020
32	管理学	公共管理类	120415TK	海关检验检疫安全	管理学	四年	2020
33	管理学	公共管理类	120416TK	海外安全管理	管理学	四年	2020
34	管理学	公共管理类	120417T	自然资源登记与管理	管理学	四年	2020
35	艺术学	艺术学理论类	130103T	非物质文化遗产保护	艺术学	四年	2020
36	艺术学	音乐与舞蹈学类	130212T	音乐教育	艺术学	四年	2020
37	艺术学	美术学类	130411T	纤维艺术	艺术学	四年	2020

专业类别下辖的专业个数数量不一，全部都介绍区分也不够现实。所以可以灵活处理。如"财政学类"，仅设置两个专业——财政学和税收学，"心理学类"也只有心理学和应用心理学两个专业。这样的无须多言，一定要把这两个专业的异同讲清楚。再如"教育学类"，下设 10 个专业——教育学、科学教育、人文教育、教育技术学、艺术教育、学前教育、小学教育、特殊教育、华文教育、教育康复学、卫生教育。这样看起来有点复杂，但是细看，会发现学生通常报考较多的是教育学、学前教育、小学教育，对这 3 个专业做重点讲解，其他专业点到为止即可。再如"材料类"，下设 16 个专业，而且多数是学生并不理解和熟悉的——材料科学与工程、材料物理、材料化学、冶金工程、金属材料工程、无机非金属材料工

凡心所向，一第以航
高中班主任指导学生生涯规划策略谈

程、高分子材料与工程、复合材料与工程、粉体材料科学与工程、宝石及材料工艺学、焊接技术与工程、功能材料、纳米材料与技术、新能源材料与器件、材料设计科学与工程、复合材料成型工程。这样的话建议先把专业类别"材料类"介绍清楚，因为这16个专业名称里有14个专业都含有"材料"二字，这一定是它们共同的专业特性，然后再择定一些学生自己更感兴趣的专业进行介绍，不求面面俱到，只大体明白材料类的专业需要学习的课程和未来会从事的职业类型即可。

4. 其他推介内容

其他可以推介的内容包括大学的建校历史沿革（尤其注意合并的学校和名称的沿革）、主校区位置、其他校区位置、大学排名靠前的重点学科，如拥有博士授权点、硕士授权点的学科等。有的同学和家长比较关注学校的地理位置，并不想去偏远一点的地区上学，但随着招生规模的扩大，很多高校出现了多个校区甚至异地办学的情况，所以了解到自己想报的专业究竟会就读哪里也是很重要的。当然在做大学推介时不可能如此细致地讲述，但只要让学生明白，了解报考大学时不要忽略了这类问题已经足够。如四川农业大学，作为传统211高校具备一定的吸引力，但它有雅安市、成都市、都江堰市3个校区。很显然有些学生和家长是不愿去雅安校区的，无论是出于偏僻的位置还是地震因素的考虑，这就需要将情况了解到细微之处，通过联系高校招生办来做详细咨询也无妨。

在这里老师还尤其要提醒学生一点，不要被一些大学的名称所惑，不要以为以省命名办学的高校就都在省会，也不要以为名称看着很正规的就都是公办老牌高校，更不要觉得带着农林之类名称的学校就是落后的冷门扎堆的高校。

如江苏师范大学总会被认为坐落在南京市，其实是在徐州市，而分数和档次也比不上名称看起来降了一级的南京师范大学。杭州师范大学当时也仅仅是杭州师范学院，在2007年才升级为杭师大，众所周知"大学"比"学院"等级要高。而如坐落在天津市的河北工业大学、在北京市的华北电力大学，在广州市的暨南大学、在上海市的东华大学、在无锡市的江南大学、在西安市的长安大学等，都是被校名"耽误"的传统211名校。最典型的个例是2021年广西壮族自治区有一所高校居然无人报考，它就是北部湾大学，乍一看像是民办大学甚至被怀疑是野鸡大学，而它却是一所位于广西省钦州市的公办高校，并且有些师范、工学、管理学类专业还相当不错，所以被网友笑称如果改名叫"广西海洋大学"就不会出现这种招生尴尬情况了。虽是调侃，却也反映出对高校基本情况不了解仅仅从校名去判断的现实问题。

一所高校里有很多专业，仅仅从校名去选择是非常不理智的。有的学生因为不想学师范就摈弃所有师范类高校，殊不知师范大学里还有至少半数以上是非师范类专业，如华东师范大学的软件工程、统计学这样的国家特色专业显然不是师范类专业。还有的学生摈弃所有和农林沾边的大学，但如北京林业大学的风景园林专业一直名列国内前茅，对设计方面有天赋而又不愿意参加美术类艺考的学生来说是不错的选择，中国农业大学的计算机科学与技术专业拥有一级学科博士学位授权点，南京农业大学的公共管理专业拥有博士后科研流动站的荣耀，这都说明虽然农林类大学并不热门，农林类的专业也确实是这些高校的优势学科，但也有非农林专业同样占据有优势。

综上所述，给学生在高二和高三时做大学推介，并不是为了让学生在短短的时间里了解这么多所学校，而是给他们一把了解大学的钥匙，学会打开高校大门的正确方式，走好生涯规划的重要一步。

第三节　特殊升学路径

对普高学生来说，参加高考是大部分学生的选择。虽然除了高考，还可以出国留学、参加成人高考、自学考试等，但后者明显数量较少。在这里，本书只谈关于参加普通夏季高考的升学路径。

对中国大部分家庭来说，高考是孩子人生中的一件大事。绝大多数高中生要参加全国普通夏季高考或者春季高考。班主任对于高中生学业生涯的指导，除了指导以普通考生身份参加高考的学生，还应该指导一些学生通过特殊升学路径来完成高中到大学的蜕变。春季高考主要面向的是职业高中的学生，在这里也不赘述。

特殊升学路径，包括强基计划招生、综合评价招生、高校艺术类招生、高水平艺术团招生、高水平运动队招生、保送生招生、单独招生、专项计划招生、公安军警飞行员招生、港澳招生，等等。在这里不再面面俱到地阐述，而是选择主要的几类谈一谈，这也是笔者带的学生常会用到的升学途径。作为班主任，熟知这些政策和方式对指导具备特殊才能的学生是非常必要的。

第四章 高中生学业生涯规划

一、强基计划招生

强基计划主要选拔培养有志于服务国家重大战略需求且综合素质优秀或基础学科拔尖的学生。聚焦高端芯片与软件、智能科技、新材料、先进制造和国家安全等关键领域以及国家人才紧缺的人文社会科学领域，由有关高校结合自身办学特色，合理安排招生专业。要突出基础学科的支撑引领作用，重点在数学、物理、化学、生物及历史、哲学、古文字学等相关专业招生。2020 年 1 月 13 日，《教育部关于在部分高校开展基础学科招生改革试点工作的意见》印发，决定自 2020 年起，在部分高校开展基础学科招生改革试点。

强基计划脱胎于之前的自主招生计划，不同之处在于要求更高、审核更严、参与高校更精、招收名额更少、专业目标更明确。它大幅缩减了对偏文学生的招生，更多地面向国家急需的专业人才。2020 年开始的强基计划的 36 所高校均入选了世界一流大学和一流学科建设（简称"双一流"），它们分别是：北京大学、清华大学、中国人民大学、北京航空航天大学、北京理工大学、中国农业大学、北京师范大学、中央民族大学、南开大学、天津大学、大连理工大学、吉林大学、哈尔滨工业大学、复旦大学、同济大学、上海交通大学、华东师范大学、南京大学、东南大学、浙江大学、中国科学技术大学、厦门大学、山东大学、中国海洋大学、武汉大学、华中科技大学、中南大学、中山大学、华南理工大学、四川大学、重庆大学、电子科技大学、西安交通大学、西北工业大学、兰州大学、中国人民解放军国防科技大学。

其招生程序主要包括：

（1）试点高校发布年度强基计划招生简章；

（2）符合报考条件的考生可在网上报名参加强基计划招生；

（3）所有考生参加统一高考；

（4）各省级招生考试机构向有关高校提供报名考生高考成绩；

（5）高校依据考生的高考成绩，按在各省（区、市）强基计划招生名额的一定倍数确定参加学校考核的考生名单并公示入围标准；

（6）高校组织考核；

(7)高校将考生高考成绩、高校综合考核结果及综合素质评价情况等按比例合成考生综合成绩,并由高到低进行录取。

从强基计划招生的推行情况来看,高校方面有遇冷补录的情况发生,考生方面有录取难度增加的感觉,双向磨合正在进行,关于强基的报考政策可能也会做出相应调整。强基计划之所以会遇冷,最大的原因可能是强基计划专业限定性很强,且大多不是大热专业,尤其文科基本只有古文字学、历史学、考古学、哲学等这类相对冷门专业。理科生的专业大部分是基础学科专业,而且强基计划考生入校后不能转专业,大多是本硕博连读培养机制,这些限制都使得家长和学生对报考强基计划犹豫不决。如学生小P,他针对自己的具体情况,有志于报考同济大学,虽然也想过报考强基计划,但是他的兴趣在建筑学类和海洋地理类专业上,而2021年同济大学的强基专业只有"数学与应用数学、应用物理学、工程力学、应用化学、生物技术",因此他最终放弃了强基计划招生考试。

此外,报名门槛高也是一大因素,比起自主招生政策,强基计划的要求明显更加严苛,这使得一些学生选择放弃。如2021年北京大学强基计划招生对象应符合以下条件之一:

(1)考生高考成绩达到所在省份本科一批录取最低控制分数线(合并录取批次省份以各省份划定分数线为准),且高考成绩达到我校在该省份强基计划招生入围标准。

(2)对于获得数学、物理、化学、生物、信息学全国中学生学科奥林匹克竞赛全国决赛二等奖(含)以上成绩的考生,高考成绩达到所在省份本科一批录取最低控制分数线(合并录取批次省份以各省划定分数线为准)可入围相应省份的强基计划考核。

其他高校强基计划招生要求也通常都会有综合素质或奥赛奖项要求,且含金量很高。如复旦大学强基计划招生报名要求:

A类:综合素质优秀、成绩优异的考生;

B类:基础学科拔尖,在高中阶段获得数学、物理或化学奥林匹克竞赛全国决赛一等奖(金牌)、二等奖(银牌)的考生。

第四章　高中生学业生涯规划

班主任在指导有能力的学生报考强基计划时要注意两点：

（一）强基计划招生的高校报考条件有同有异，要报考适合自己的高校

有志于报考强基计划的都是高中时很优秀的孩子，高校报名条件虽然严苛，但其实这36所强基计划试点高校本身还是有档次区别的，所以报考条件也不尽相同。

第一类情况如最顶尖的清华大学、北京大学，给出的报考条件，都是"硬件"，最低也要达到高考强基计划入围线或者国二以上的奥赛成绩。"在相关学科领域具有突出才能和表现且在数学、物理、化学、生物学、信息学奥林匹克竞赛中获得全国决赛二等奖及以上奖项的考生，可以破格入围。"清华大学的强基计划招生简章，明确对国二奖以上的奥赛生"青眼有加"，未达强基线也有破格入围的可能，但这种学生数量极少。

第二类情况适用于大部分的强基计划高校，如上文提到的复旦大学，再如北京师范大学、重庆大学、华中科技大学、南京大学等高校，除了都有奥赛奖项的规定外，也都允许"综合素质和学业成绩优秀的考生"报名，这主要的还是参考高考成绩。所以，即使不学奥赛，只要对该校强基计划招生的专业感兴趣且高考成绩优秀，就可以报考强基计划。

第三类情况就是对高考成绩给出明确底线的高校。

如吉林大学2021年强基计划报考规定：高考成绩（不含任何政策加分，下同）达到生源所在省公布的本科一批录取最低控制分数线（合并录取批次省份以各省份划定分数线为准，下同）上理科110分（含）、文科50分（含）、综合改革60分（含）。

再如山东大学2021年强基计划报考规定：高考成绩优异的考生，高考成绩（不含任何政策加分，下同）须达到所在省份第一批本科录取控制分数线（简称"一本线"，合并本科批次省份参照部分特殊类型招生最低录取控制线执行，下同）上50分，对于高考成绩满分不是750分的省份，按比例进行折算。

第四类情况就是要注意个别高校强基计划的特殊规定。如中国人民大学，只招收文史类强基计划专业的它在招生条件上明显"温和"很多：

凡心所向，一苇以航
高中班主任指导学生生涯规划策略谈

> 热爱祖国，拥护中国共产党的领导，遵纪守法，品行端正，身心健康；具有强烈的专业兴趣、科研志向和吃苦耐劳的精神，有志于服务国家重大战略需求，将来从事专业相关领域工作；高度认同我校"立学为民、治学报国"的办学宗旨和"国民表率、社会栋梁"的人才培养目标；综合素质优秀或基础学科拔尖，具有相应专业所需的学科特长和创新潜质；符合2021年全国普通高等学校招生全国统一考试报名条件的高中毕业生。

因为中国人民大学只招收"哲学、汉语言文学（古文字学方向）、历史学"三个专业的强基计划考生，而这三个专业显然和奥赛知识关联性不大，所以人大的"门槛"看起来就不高了。有志于学习这三个专业的文科生只要高考成绩优秀就能入围，而且还可以避开那些选择理化生的理科"学霸"。同时作为文科强势的传统名校，中国人民大学也会明显青睐那些人文素养很高、获得过文史哲方向的国家级和省级奖项的学生。

再如国防科技大学，作为强基计划高校中的唯一一所军校，它除了有关学业成绩方面的规定，还有自己的特殊要求：

> 我校招收的强基计划考生为无军籍学员，申请报考考生除符合教育部颁发的《普通高等学校招生工作规定》及《普通高等学校招生体检工作指导意见》要求外，还须符合以下条件：考生须为应届高中毕业生；政治面貌为中共党员或共青团员；家庭及主要社会关系历史清楚，无重大问题；身心健康，无严重急慢性疾病，无传染病，面部与身体各部位无明显缺陷，双眼矫正视力在4.8以上，无色盲、斜视、对眼等眼疾，听觉、嗅觉及发音系统正常（身体条件以高考体检表为准）。

（二）对报考强基计划高校及其专业的确定必须慎重

原因如下：

1. 不可更换专业

目前强基计划的招生专业都是"聚焦高端芯片与软件、智能科技、新材料、先进制造和国家安全等关键领域以及国家人才紧缺的人文社会科学领域"的专业，所以在强基招生简章中都有要求入学后不允许转专业的规定，所以选择报考强基专业就往往意味着"一考定终身"，必须对所学专业志向明确不会后悔的学生才适合报考。因此，不要简单地把报考强基学校当作多一次录取机会，还要看专业是否适合自己是否能专一到底。在选择该专业后，也就意味着未来职业方向的确定。如北京航空航天大学招收"数学与应用数学专业"的学生，明确表示目标是"培养引领数学研究方向、应用数学与工程技术交叉融合、服务国家重大战略需求的基础数学拔尖创新人才"。

2. 只能报名一所高校

强基计划学校通常都考虑学生的"忠诚度"，与之前自招学校往往可以报考三五所只要考试时间能错开的情况不同，它只允许学生报考一所，这也就使得学生的录取率变得更低，对报考学校的确定性要极强。

3. 本硕或本硕博连读模式居多

强基计划学生是高校重点培养的人才，本硕或本硕博连读既是优惠政策也是节约培养时间的举措，所以很多强基计划试点高校都不止步于本科培养，而实行贯通式培养模式。如西北工业大学2021年强基计划招生简章：进入强基计划的学生，实行"3+1+N"的"本硕"或"本博"衔接人才培养模式，鼓励选择"本博"模式。"3+1"为本科强基学习和本科阶段本博或本硕衔接学习年限；"N"为所在学科的博士或硕士学习年限。再如华东师范大学2021年强基招生简章：本硕博衔接培养。实施学分制和开放的选课制度，在第3~4学年，学生可以提早选修研究生阶段的课程；学校鼓励"强基计划"学生深造，经学生申请、学校考核通过者获得推荐免试研究生资格，并鼓励直接攻读博士学位；学校系统考虑本硕博不同阶段的学术训练，以进阶式学术训练推动"强基计划"学生接受系统的研究方法训练和基于真实问题的课题研究，坚定学术志趣。这种培养模式也需要学生有坚定的报考志愿，才能以持续性的热情完成8~10年的培养计划。

（三）不要忽略选科要求

强基计划专业通常都有明确的科目要求，以物理居多，所以高中有冲击强基计划的成绩优异生通常都要选修物理，当然纯文科生报考文科专业除外。除此之外，还有的高校对强基计划学生有更严格的专业要求。如中国海洋大学2021年强基计划招生简章规定，强基计划生物科学专业2021年在北京市、山东市和海南市3省市的选考科目要求为：物理、化学（2门科目考生必须同时选考）；在河北市、江苏市、福建省、湖南省、广东省5地的选考科目要求为：首选科目必须为物理，再选科目必须包含化学；在其他省（区、市）仅招收理工类考生。而它在普通本科的同样专业招生时，山东省的选考科目要求变成了"物理或化学或生物"。同样，中山大学的强基专业——"化学"，选科要求是"物理和化学"，而在普通本科的"化学"专业，选科则只要求"物理或化学"。因此有志于冲击强基计划的学生，在高一面临选科时，就要未雨绸缪地多查看一下当年的强基计划政策，不要因此错过梦想的高校和专业。总体来说，强基计划的选科，理科占比很高。

二、综合评价招生

综合评价招生指的是高校综合考量考生高考成绩、高校考核结论、高中学业水平测试成绩、综合素质评价以及高校自身培养特色要求等内容，对入选考生进行考核、综合评价，择优录取的一种招生方式。

高校进行录取时，按照考生综合成绩择优录取。绝大多数高校按照"631"模式（或者类似比例）进行，即高考成绩（折算成百分制）占综合成绩的60%，学校组织的能力测试成绩占30%（笔试和面试），高中学业成绩占10%（综合素质3%、高中学业水平考试成绩7%）。

综合评价招生与强基计划招生有同有异：相同点是都招收综合素质优秀有突出才能的学生，都有一定的专业限制，高考成绩的高低占主要因素，都能早于普通本科批录取，相当于多一次录取机会。

差异点：

1. 开放院校

强基计划试点院校是36所双一流A类大学，综合评价实施的院校多为省属重点高校。当然，有部分高校是这两类特殊招生工作都有开展。比如对山东省的考生来说，山东大学、中国海洋大学的这两种特殊招生都可以报考。而综招的条件相对来说门槛较低，更容易通过。山东大学2021年在山东省综合评价招生计划300人，报名条件为："（一）思想品德表现良好、身心健康，具有学科特长、创新潜质，综合素质优秀、全面发展，高中三年参加不少于10个工作日的社区服务和1周社会实践，并完成不少于6学分的考察探究活动（研究性学习、研学旅行、野外考察等）；（二）高中阶段历次期末考试及高考模拟考试中至少4次总成绩不低于总成绩满分的75%；（三）在德智体美劳等方面表现优异或具有突出学科特长（须提供获奖证书）。"相比于严苛的奥赛成绩，这几项对优生来说都更容易满足条件，至少初审入围要容易得多，因为竞争对手相对也变弱，所以最终被录取的难度也降低了。

2. 招生范围

强基计划招生范围是全国，综合评价招生视学校有差异，部分面向全国，部分只面向当地省市。2021年共有山东大学、中国海洋大学、中国石油大学（华东）、哈尔滨工业大学（威海）、青岛大学、山东师范大学、山东科技大学、青岛科技大学、山东财经大学、浙江大学、华南理工大学等11所高校在鲁开展本科综招试点。除此之外，多地区综合评价招生的院校还有中国科学院大学、北京外国语大学、南方科技大学、深圳北理莫斯科大学、上海科技大学、上海纽约大学、昆山杜克大学、香港中文大学（深圳）等八所高校。省属高校的综招计划面向本省考生，给成绩不是特别突出的学生提供了机会。

3. 招生专业和计划

强基计划主要招录数学、物理、化学等基础学科专业，分省市制订招生计划。综合评价招生则主要招录各校的优势学科专业，各校自行制订招生计划。以华南理工大学为例，在山东省的强基计划招收"数学、化学、生物技术"三大类基础学科专业，而综招则招收"机器人工程、智能制造工程、微电子科学与工程、集成电路设计与集成系统、人工智能、数据科学与大数据技术、生物医学工程、分子科学与工程"8个优势学科专业。

4. 录取模式

二者都择优录取，强基计划更看重高考分数，占综合成绩的85%，综合评价则相对均衡，多数高校要求高考分数占比60%。正因如此，综评招生相当于给了高校更多的自主选拔权力。"631"的录取模式中学校组织的能力测试成绩占30%，这也就使得高考发挥或许不够出色的学生还能够评凭借较高的校测成绩被录取。

5. 转专业自由度

强基计划的目标是选拔"有志于服务国家重大战略需求且综合素质优秀或基础学科拔尖的学生"并进行培养，考生通常不能转专业。通过综合评价就读的考生是否能转专业则视各个高校的规定有所不同。大部分高校对此并没有严格的限制。青岛二中的一名2020届高考的学生，凭借综招进入中国海洋大学的朝鲜语专业，但入校后又通过了会计系面向全校新生的ACCA方向的选拔考试，成功地从外语学院转到了管理学院。正常情况下，在综合类高校中会计专业会比小语种专业分数更高，这名同学的事例就告诉我们，有时综招反而是进入高校好专业的捷径，虽然曲折了一点，但是毕竟给了你第二次机会，当然事先的功课要做好，并不是都能先通过综招跨过门槛再成功转更好专业的。

相对而言，强基计划更适合基础学科知识拔尖的同学，综合评价更适合基础学科维持中上水平、综合素质较高的同学。但是面向多地区招生的那几所大学并不包含在内，因为它们基本不在常规批录取学生，也就是说综评招生是它们的主要招生方式，更多的是想选拔更适合自己学校的学生，而不想简单地只看高考分数来录取。它们中的大多数办学历史并不长，所以并不属于传统的985高校，但是它们的办学理念往往更加新锐，办学质量很高，起始阶段就开始走高精尖的培养模式，也都具备自己的办学特色，所以也是相当不错的选择。

三、艺术类专业招生和高水平艺术团招生

这两类招生明显是面向有艺术特长的学生，但是有的班主任可能不太清楚二者的不同，因此这里重点谈谈这两种录取的差异点。

1. 专业不同

艺术类有自己的专业目录。艺术类专业为13个学科门类之一，包括：艺术学理论类（艺术史论、艺术管理专业）、音乐与舞蹈学类（音乐表演、音乐学等专业）、戏剧与影视学类（表演、戏剧学、电影学、动画、录音艺术等专业）、美术学类（美术学、绘画、雕塑、书法学、中国画等专业）、设计学类（艺术设计学、公共艺术、环境设计等专业）共五大类别。进入艺术类专业的学生，原则上未来也要从事与艺术专业相关的工作。

高水平艺术团则不是这样。高水平艺术团主要招收艺术团首席表演者或对幼功要求高的相关专业项目的艺术团成员。他们只是通过高校艺术测试合格后获得降分优惠，在高考分数不能够到该校录取线的情况下，可以通过加分来实现上该校的目的。因此，高水平艺术团被高校录取后进入普通专业学习，如青岛二中2019年高考的一名考生，高考裸分未达北京大学最低投档线，但凭借高水平艺术团的20分，进入了北京大学法学专业就读。因此这类学生未来所学专业和从事工作均和艺术类无关。也因为这样，高水平艺术团的专业水准相比艺术类的学生往往要低一些。另外，按照规定，美术、书法、播音与主持专业不得纳入高水平艺术团招生范围。

2. 考试和分数要求不同

艺术类考生要通过艺术专业考试。专业考试包括校考和省级统考两种形式。取得艺术专业考试合格证的考生还须参加高考，按艺术类院校的录取原则录取。因此艺术类考生的分数要看专业测试分数和高考分数两个要求。艺术院校的录取原则各不相同：有的院校是文化分数与专业分数三七比例（这个比例也不尽相同）相加后排序按照综合成绩录取，如广州美术学院"造型类"专业的录取成绩计

算方式为:"综合分 = 文化总分 ÷ 文化满分 ×30+ 专业总分 ÷ 专业满分 ×70"。有的是在达到该校文化成绩高考分数线之后按照专业分数排序,如中央戏剧学院戏剧影视导演(戏剧导演、电影导演)专业的录取方式为:"专业合格,文化成绩达到所在省普通类本科一批录取控制分数线的 85%,按校考专业成绩排名录取"。当考生的专业成绩等同的情况下,则以文化成绩高低排序,如武汉工程科技学院广播电视编导、播音、表演专业"校考合格文化过线,按照校考专业成绩从高到低择优录取。专业同分,按文化成绩、语文、数学、外语顺序从高到低排序择优录取"。有的院校在专业合格的情况下按照文化分数由高到低排序,如广西艺术学院艺术管理专业"校考专业成绩合格,按文化分数排名录取"。

在清楚这些不同录取原则的基础上,班主任可以针对学生的不同情况,结合对其专业水平的了解给出一定的建议。专业分数占比高的学校,适合专业水平高文化课水平稍弱的学生报考,按照文化分数排序的院校往往专业竞争没有特别激烈,但要求考生学习成绩比较好。如果是全国艺术专业排名靠前的高校往往在专业和文化课上都要求分数比较高,如果学生能力不够就要多考虑一些省属艺术院校了。

艺术类考生高考分数是比较低的,高水平艺术团则不然。根据教育部发文《2021 年普通高等学校部分特殊类型招生基本要求》:"试点高校要按照本校发展定位和人才培养要求,适当提高本校艺术团录取考生高考文化课成绩最低要求,一般不低于本校在生源省份本科第一批次最终模拟投档线下 20 分。在实行高考综合改革的省份,试点高校可将'不低于本校在生源省份本科第一批次最终模拟投档线下 20 分'的高考文化课成绩最低要求方案,调整为在有关省份确定的相关最低录取控制参考分数线上增加一定分值(如相关最低录取控制参考分数线上 × 分,每所高校给到的 × 分应为唯一确定正数值)。"从中可以看出高水平艺术团招生的文化分最低都要达到一本线的要求,名校自然更高,往往给出的优惠是该校录取投档线下 20~40 分,极个别拔尖的会给出 60 分,乃至一本线。

3. 院校和招生数量不同

艺术类招生的院校一种是专业性很强的非综合类高校,如中央戏剧学院、中国传媒大学、中央音乐学院、天津美术学院等；一种是综合类高校内部的艺术院系，天津师范大学、江南大学、中国海洋大学、上海大学等都有它们独立的艺术院系。相对来说，招收艺术类学生的高校数量和招生数量都比较多。

而具备高水平艺术团的招生资格的高校则数量有限。教育部只批准了全国包括清华大学、北京大学在内的53所院校具有高水平艺术团招生资格，每所院校的高水平艺术团招生人数须控制在招生院校上年度本科招生计划总数的1%以内。因此能够借此录取的考生数量也就不多了。

四、体育类专业招生和高水平运动队招生

根据教育部最新修订的《普通高等学校本科专业目录》，教育学门类下设体育学类，其中包括体育教育、运动训练、社会体育指导与管理、武术与民族传统体育、运动人体科学五个基本专业，还有运动康复（可授教育学或理学学士学位）和休闲体育两个特设专业。

其中，体育教育专业主要是培养体育老师，毕业后能够胜任学校体育教学、课余运动训练、体育部门的管理和科研工作。运动训练专业主要课程有体育新闻、体育英语、体育旅游、体育管理、体育教育等，未来担任运动教练、赛事裁判、赛事管理人员等。运动康复主要研究运动学、康复学、医学等方面的基本知识和技能，掌握体育运动与人体机体的相互关系及规律，在训练基地、健身俱乐部、康复机构为不同运动损伤水平的患者进行康复训练计划的设计以及康复训练强度的调整等。这三个专业从业比例会大一些，学生相对报考较多。所以，体育类专业招生基本上是要从事与体育相关的职业，做体育老师、运动队教练、体育裁判、健身教练、运动队康复理疗师等。

高水平运动队招生则不然，也类似高水平艺术团招生，考生可以借此获得较大的降分录取优惠，就读的是高校普通类专业。目前全国有283所高校具有招收高水平运动队资格。高水平运动队的录取政策是：高考文化成绩一般不低于生源省份本科第二批次录取控制分数线；对于少数体育测试成绩特别突出的考生，高校可适度降低文化成绩录取要求，但不得低于生源省份本科第二批次录取控制分

数线的65%，合并本科批次省份，高校参照艺术类专业文化课划线有关要求予以适当提高。与高水平艺术团相比，高水平运动队对文化课的要求稍低一些。

还有一个特殊招生方式，就是体育单招。体育单招是部分体育专业单独招生的简称，是指经教育部、国家体育总局批准的部分院校可以对运动训练、武术与民族传统体育专业实行单独招生。换言之，体育单招在专业上受限，只能报考运动训练、武术与民族传统体育专业。而高水平运动队的考生可以报考非体育类专业。在录取条件上，体育单独招生录取时，考生在达到院校最低录取控制线的基础上，院校根据考生的文化成绩（折合百分制后）和体育专项成绩3∶7的比例计算考生录取综合分。具备一级运动员等级的考生，可在院校文化成绩最低录取控制线下降低30分录取；具备运动健将技术等级的考生，可在院校文化成绩最低录取控制线下降低50分录取。也就是说，体育单招专业受限，但是相比于其他体育类专业考生还是有它的优惠政策的。

五、港澳高校招生

自2011年起，港澳高校在全国各省份招收自费生以来，香港和澳门的高校就成为内地考生的另一聚焦点。在这里，没有把台湾招收祖国大陆学生一并介绍，是因为台湾并非面向全国招生，而只招收北京市、上海市、江苏省、浙江省、福建省、广东省这六个省市的学生，有很大的限制性，所以不再多做介绍。十年来，港澳高校的招生政策扎实推进，越来越多的内地学生和家长知晓了港澳高校的升学途径，其接受度也越来越高。笔者所带的2012届学生，两个班里有三名同学同时被香港大学录取，还成为当时本地教育界新闻。后来十年间，越来越多的学生被香港大学、香港中文大学、香港理工大学、香港科技大学、香港浸会大学、澳门大学、澳门科技大学录取，这些学校在内地被了解得越来越普遍，也越来越受欢迎。

目前，在内地招生的21所港澳高校有两种招生方式：一种是香港中文大学和香港城市大学两所高校采用的统招方式，即参加提前批次录取，考生统一填报高考志愿，即使在提前批次未被录取，仍可以参加后续批次的录取，进入其他内地高校；另一种是香港大学等13所香港高校和澳门大学等6所澳门高校采用的独立招生方式。香港大学、香港科技大学、香港理工大学、香港浸会大学、岭南大学、香港教育大学、香港树仁大学、香港公开大学、香港演艺学院、珠海学院、香港恒生大学、东华学院、香港高等教育科技学院13所香港高校，澳门大学、澳门理工学院、澳门科技大学、澳门旅游学院、澳门镜湖护理学院、澳门城市大学6所高校采用独立招生方式。报名港校的考生先按照其要求提交入学申请，参加学校组织的面试，由学校根据考生高考成绩和面试表现等其他要求录取考生。需要注意的是，凡被香港13所单招院校录取并经本人向录取院校确认就读的考生，不再参加内地高校的统一录取。澳门的高校与之相似。以澳门科技大学为例，先在高校官网进行报名缴费，填写相关资料，后依据高考成绩进行录取，它可以和内地的高考录取同步进行，看录取通知的时间先后及本人意愿决定就读高校，放弃澳门科技大学的录取不妨碍就读内地高校。其他院校可在其官网具体咨询，略有不同。

港澳高校招生自有其优势，否则也不可能处于连年升温的态势。其优点总结如下：

1. 两次录取机会

不管是提前批录取的香港中文大学和香港城市大学，还是独立招生的其他港澳高校，都近似于给考生多一个录取机会。统招的提前批，没录取也不妨碍普通批的录取。独立招生更是属于计划外招生，也不耽误考生兼报统招各批次，只是在录取抉择上要谨慎做出取舍。笔者朋友的女儿被澳门科技大学艺术学院录取，也被重庆交通大学设计学类录取，两个都是不错的选择，最后顺从孩子的心愿去了重庆读书。

2. "低分"上名校

这里的"低分"是相对而言，因为国际排名相当的港澳高校和内地高校相比，分数要低一些。毕竟内地很多家长和学生还是不会将去港澳就读放在首位考虑的，而且有些港澳高校并非完全按照高考成绩录取，还加入了面试和申请材料的权重，

凡心所向，一苇以航
高中班主任指导学生生涯规划策略谈

所以造成了高校档次相近但是港澳高校录取分数更低的局面。以最知名的香港大学为例，它的国际排名不逊于清华大学、北京大学甚至还要更高，但仍然坚持录取了一批高考裸分够不到清华大学、北京大学的学生，而有的全省高考状元反而因为种种原因被拒。我们的传统985高校录取分数基本都在600分以上甚至650分以上，而同等档次的港澳高校往往500分以上就有机会被录取。所以，如果不是家庭经济原因，就读港澳高校确实可以实现"低分"上名校。

3. 研究生申请更有优势

随着经济的发展，出国留学的学生越来越多，内地大学生的国际交换也成为常态化，除了国内攻读研究生这一路径，很多本科生还希望硕士阶段能到国外名校攻读。相比于内地学生，国外高校对港澳高校学生的认可度更高。

由于学制和教学模式的一脉相承，美洲、欧洲、澳大利亚高校更易于接收港澳学生。如澳门理工学院与英国西敏寺大学合作，电脑学本科阶段就可以交换到英国继续就读，拿到英国西敏寺大学的学位证书。欧美高校与港澳长期的办学合作，使得港澳高校毕业的本科学生更容易申请到欧美名校的研究生。再从对澳门科技大学2021届毕业的62名本科生的问卷调查数据看，有约二分之一的学生在香港或澳门攻读硕士，有三分之一强的学生将攻读国外高校的硕士，有少数学生未继续攻读硕士，只有一名学生的去向是内地考研——被南京中医药大学录取，而这也和他就读的专业是中医学不适合去国外深造有很大关系。

除了研究生申请更有优势之外，港澳高校毕业生的薪酬也更高，被招聘到国际名企的机会也更大。

综上，班主任对特殊升学途径了解越多，就越容易在班会和家长会上对学生和家长做出指导、提醒、建议，尤其是对普通类高考升学有压力、自身条件有特殊之处的学生，换一条路，更容易登上巅峰。从之前的自主招生政策，到现在的强基、综招新政，以及其他特殊升学路径的信息，笔者都能较全面地掌握在手，对高考生和家长的建议也很中肯到位，笔者一直在努力帮助学生实现升学的最优化，从多年的结果来看，还是非常不错的。

第四节　志愿填报

经历了 3 年的学习拼搏，经历了选科、研学旅行、职业体验、生涯访谈、大学和专业资料搜集推介等一系列的生涯选择和活动，学生还有高中阶段生涯规划的最后一站——志愿填报。

现在是大数据时代，不少家长图省事，因为不懂志愿填报，喜欢找一个类似教育咨询公司或专业人士来有偿代填志愿，说出孩子对于学校、地域、专业方面的想法和诉求，对照孩子今年的分数、本科线、全省位次、选科情况，然后依据往年的录取大数据，立马就能生成上百个参考填报志愿，从高到低按照拟录取概率来排序。

下面就是一名山东省考生找代填机构之后给出的志愿填报模拟草表的部分内容（草表见下页），这名 2021 届的考生在全省排名接近 10 万名（出于隐私考虑，不给出具体分数和位次），选科为政史地，较中意的专业是法学，也不介意其他文科专业。机构给出草表之后，家长和考生再依据自己的具体想法进行顺序调整、专业调整、学校调整等，相对而言确实省时省力不少。最后这名考生被江西省的一所省属大学的法学专业录取。

即使有这样的代填方式也不意味着班主任就可以不做这方面的指导。首先，不是所有家庭都知道这种填报途径并且愿意选择。其次，不是所有家庭都能轻松负担这笔据说目前行情是几千元的咨询费用。再次，大数据固然科学，但它有太

凡心所向，一第以航
高中班主任指导学生生涯规划策略谈

多的平行选项，取舍还须有其他填报经验。最后，往年的录取分数不能代表一切，大小年的变化、学校和专业的口碑、考研的前途如何等都需要作为考量依据。

序号	院校录取概率	院校代码	院校	层次	地区/城市	类型	性质	排名	专业录取概率	专业代码	专业	计划	学费	选科	录取人数	最低分	最低位次
															2020		
						2021（招生计划）											
1	14%	A431	齐鲁工业大学（山东公办）	省属	山东/济南市	理工	公办	95	14%	12	法学	69	5400	不限	62	550	81722
2	18%	A456	山东财经大学（山东公办）	省重点	山东/济南市	财经	公办	132	18%	Q1	税收学（校企合作与山东百诚税务服务股份有限公司合作）	100	8800	不限	100	549	82791
3	18%	B066	烟台大学（山东公办）	省重点	山东/烟台市	综合	公办	212	18%	10	工商管理	53	待定	不限	55	549	82789
4	22%	B406	甘肃政法大学	省属	甘肃/兰州市	政法	公办	343	22%	3A	法学	21	4300	不限	21	547	85361
5	26%	A451	鲁东大学（山东公办）	省重点	山东/烟台市	综合	公办	248	26%	14	法学	110	4400	不限	117	546	86356
6	30%	A694	西藏大学（西藏公办）	"211一流学科建设"	西藏/拉萨市	综合	公办	156	30%	19	经济学	4	2800	不限	3	545	88128
7	31%	B066	烟台大学（山东公办）	省重点	山东/烟台市	综合	公办	212	31%	09	国际经济与贸易	57	待定	不限	66	545	88859
8	34%	A446	曲阜师范大学（山东公办）	省重点	山东/济宁市	师范	公办	175	34%	5H	金融工程	101	待定	不限	63	544	89725
9	34%	B066	烟台大学（山东公办）	省重点	山东/烟台市	综合	公办	212	34%	Z1	法学（中外合作办学）（外语语种英语）	90	40000	不限	95	544	89962
10	35%	A434	山东农业大学（山东公办）	省重点	山东/泰安市	农林	公办	105	35%	33	法学	124	4400	不限	129	544	90391
11	35%	A694	西藏大学（西藏公办）	"211一流学科建设"	西藏/拉萨市	综合	公办	156	35%	F8	会计学	4	2800	不限	3	544	90429
12	38%	A731	兰州理工大学（甘肃公办）	国重点	甘肃/兰州市	理工	公办	166	38%	2R	会计学	5	4000	不限	3	543	91230
13	38%	A240	哈尔滨商业大学（黑龙江公办）	省重点	黑龙江/哈尔滨市	财经	公办	207	38%	78	金融学类（金融学院）（金融学、金融工程、保险学、投资学）	32	4500	不限	23	543	90992
14	39%	A190	长春工业大学（吉林公办）	省重点	吉林/长春市	理工	公办	224	39%	91	法学	2	4620	不限	2	543	92171
16	新增	A489	长江大学（湖北公办）	省重点	湖北/荆州市	综合	公办	154	新增	09	金融学（含荆楚卓越人才协同育人计划）	2	5850	不限	—	—	—

班主任在指导家长和学生进行志愿填报时要请他们注意以下几点：

一、明了志愿填报政策

班主任应帮助家长和学生明了本省志愿的基本填报政策，而且要在高考前就研究清楚。

网络如此发达，应届考生和家长要了解志愿填报政策并不难，但需留意政策有无变化。

以山东省为例，从 2020 年开始，首先，招生要求从原先的文理分科录取，变成了不分文理但是专业对相关选科有特殊要求；其次，划线办法从划分本、专科线变为按一段线、二段线分段填报，分段录取，一段线上考生填报本科志愿，二段线上考生填报本科剩余志愿和专科志愿；最后，老高考填报志愿是填报 12 个高校志愿（每个高校志愿可填报 6 个专业志愿及专业服从调剂志愿），新高考采取"专业+学校"的方式，可以填 96 个"专业+学校"的志愿，但是没有了服从调剂的选择。

处于新变化之后的那届考生报考前了解政策的难度要稍微大一些，比如 2020 届填报志愿相较于 2019 届最大的问题是文理生不再分开录取，因此往年的位次发生了变化，尤其是往年文科生的位次变得基本失去了参考价值。之后延续政策不变的几届就要好很多。清楚了基本政策，在高中时代就可以提前去做功课，不至于到高考后甚至分数下来再考虑志愿填报问题，手忙脚乱下难免留下遗憾。

二、帮助学生在报考前圈定中意高校

班主任应指导家长和学生根据自己的学业水平，提前圈定好二三十所高校，做细致深入的研究。

两千多所普通高校，让人看起来眼花缭乱，笔者也曾经开玩笑地对学生和家长说："只要过了线不管考多少分都有学上。"所以，建议志愿报考前缩小报考范围。也有人觉得对于缩小范围不知如何下手，其实这并不难。

每个孩子、每个家庭都有自己的诉求，即使有的孩子没有什么指向明确的"喜欢"，但他一定会有"不喜欢"的元素。剔除这些"不喜欢"，也能大大缩小范围。

凡心所向，一苇以航
高中班主任指导学生生涯规划策略谈

多年的带班经验告诉笔者，缩小高校的范围可以参考如下要素：

1. 地域要求

很多学生有明确的地域要求，在笔者带的毕业生里，京沪两地的大学受到的青睐最明显。近年来高中毕业班都流行推出各自班级的"蹭饭地图"，以活泼有趣的手绘地图方式来传达出同学们分布在各大城市高校的信息，通常集中的地点有三处——北京市、上海市和本省地区。京沪是学生的梦想地不奇怪，特大城市的视域、机会、见识、人脉、资源等都是其他城市难以比肩的，至于本省招生数量多是最大的原因。

除了比较集中的这三地，还有很多省市可以选择，所以给大家几点小建议：

一是分数比较高的情况下可以尽量优先选择省会等大城市的高校，原因同选择京沪高校近似。

二是以大片的地理区划来缩小范围。如有的学生不愿意考虑东北地区、西北地区的高校，西南地区的也只考虑成都市和重庆市，那范围就缩小了很多。有的学生只向往南方，那么基本就是以华东的淮河以南、华中地区的长江以南、东南地区、华南地区的高校为主了。

三是尽量考虑交通便利的城市，基本不推荐需要转机或者转车才能到达的城市，或者是没有高铁且乘普通火车或大巴超过24小时才能到达的城市。有些学生高考分数不理想，报考时就有些"病急乱投医"的味道，不做细致的调查就填报了一些不熟悉的城市所在的高校，再就是没有分清楚高校的不同校区所在地。本科至少要读4年，需要往返多次，同等条件下如果选择了交通不便的城市，当然会增加很多麻烦。以笔者所在的山东省青岛市为例，如果选择了四川农业大学（雅安校区）的专业，那么由青岛市至雅安市就必须到成都中转，那还不如选择分数和专业相近的华中农业大学、华南农业大学等高校，由青岛市至武汉市、广州市相对来说交通方便很多。当然四川农业大学还有成都校区和都江堰校区，成都校区无疑最便利，都江堰校区和雅安校区都不够方便。笔者的一名学生当年在填报四川农大时我还特意问她是否查阅了专业所在的校区，她很肯定地告诉我在成都校区，那就说明她的报考攻略做得不错了。再比如想报考河南省境内的师范院校，除去分数最高的河南师范大学之外，较低一点分数的学生我会推荐洛阳师范学院、安阳师范学院、南阳师范学院、商丘师范学院，唯独不推荐周口师范学院，交通不便利是一个重要原因。

2. 专业要求

有不少学生有较明确的专业要求，这样圈定起来就相对容易得多。在网络搜索专业排名，会得到多所大学的同一专业的排序表。比较权威的学科评估是教育部学位与研究生教育发展中心（简称学位中心）按照国务院学位委员会和教育部颁布的《学位授予和人才培养学科目录》（简称学科目录）对全国具有博士或硕士学位授予权的一级学科开展的整体水平评估。学科评估是学位中心以第三方方式开展的非行政性、服务性评估项目，2002年首次开展，截至2017年完成了4轮。

以"中医学"专业为例，评估等级如下：

评估结果	学校代码及名称
A+	
10026	北京中医药大学
10268	上海中医药大学
A-	
10315	南京中医药大学
B+	
10063	天津中医药大学
10228	黑龙江中医药大学
10572	广州中医药大学
10633	成都中医药大学
B	
10162	辽宁中医药大学
10344	浙江中医药大学
10441	山东中医药大学
10541	湖南中医药大学

凡心所向，一苇以航
高中班主任指导学生生涯规划策略谈

B-

10199　　长春中医药大学

10369　　安徽中医药大学

10393　　福建中医药大学

C+

10025　　首都医科大学

10412　　江西中医药大学

10471　　河南中医药大学

10507　　湖北中医药大学

10600　　广西中医药大学

C

10662　　贵州中医学院（现已更名为贵州中医药大学）

10716　　陕西中医药大学

10735　　甘肃中医药大学

C-

10384　　厦门大学

10680　　云南中医学院（现已更名为云南中医药大学）

14432　　河北中医学院

如果学生明确地要报考"中医学"专业，这份评估榜单可以给出一个较为中肯的评价意见。当然具体报考时还会有其他因素要考虑进去，比如同属 B+ 等级的天津中医药大学、黑龙江中医药大学、广州中医药大学、成都中医药大学 4 所高校中，实际录取分数最低的通常是黑龙江中医药大学，这大概和它所处的地域有很大关系，很多人会觉得哈尔滨太远而且气候太寒冷而不愿选择。但反过来说如果你想以比较低的分数学比较好的中医学，黑龙江中医药大学可能是你最理想的选择。

再以理科的"海洋科学"专业为例，评估等级如下：

评估结果　学校代码及名称

A+

10384	厦门大学
10423	中国海洋大学

B+

10247	同济大学
10558	中山大学

B

10340	浙江海洋大学
10491	中国地质大学

B-

10264	上海海洋大学
10335	浙江大学

C+

10284	南京大学
10294	河海大学
10566	广东海洋大学

C

10158	大连海洋大学
10213	哈尔滨工业大学

C-

10269	华东师范大学
91002	国防科技大学（原由解放军理工大学申报）

建议看重专业的同学不必过分看重名校光环，在分数不够高的情况下，选择专业排名不错但没有名校光环加持的会更加"实惠"。以上面的"海洋科学"专业为例，B 等级的浙江海洋大学和 B- 等级的上海海洋大学，显然在名气上比 C+ 等级的南京大学、河海大学甚至等级更靠后的哈尔滨工业大学、华东师范大学小得多，这必然也会带来分数上的差异。

当然，不同排行榜推荐的大学和专业会有不同的顺序，但是差别不会太大，有明确专业要求的学生可以据此缩小自己的选择高校范围。依据排行，也根据自

凡心所向，一苇以航
高中班主任指导学生生涯规划策略谈

己的学习成绩，圈定好同一专业下的数所高校，就可以做更精细化的志愿研究了。当然专业志愿不太可能只选一个，确定多个自己都喜欢的能接受的专业，依次来做这个功课即可。

3. 高校档次要求

有的学生在报考时首先考虑的因素是高校档次名气而不是专业，通常专业接受度比较大，他更在意的是"名校光环"。确实，"双一流高校毕业生"成了很多地方政府和企业优先招聘的对象，如2018年河北省石家庄市委办公厅、市政府办公厅联合印发了《关于实施现代产业人才集聚工程的若干措施》，表示"对石家庄市现代产业企业新引进的博士学位研究生，'双一流'建设高校的全日制硕士学位研究生，一流大学、一流学科和世界排名前500名国（境）外院校全日制学士学位毕业生，自到石家庄市工作之日起5年内每月分别享受2000元、1500元、1000元的房租补助"。这样类似的引进人才政策比比皆是，而招聘单位也理由充分：划定学历门槛，可以有效节约面试时间；学历高的人往往自制力比较强，工作中会更认真负责；名牌大学毕业生的专业水平比普通大学毕业生高。虽然这不能适用于所有大学生，但确实有一定的道理。因此，不在意具体专业，只在意是否能进入211高校学习，成为一些学生的基本要求。

如果学生有这样的诉求，那么依据高考成绩和位次，基本只剩下了211级别以上的高校。假如高考成绩不够理想，本科就只能选择分数较低的211高校，如笔者的一名学生就是在这种情况下选择了本科就读宁夏大学。如果本科连最低标准的211高校也够不到，那也只能在研究生阶段去实现梦想了。如笔者的另一名学生，本科就读于省属的曲阜师范大学，但在这所学风严谨、考研率很高的师范院校里，她保持了认真刻苦的学习态度，最终保研到南京大学攻读硕士。还有笔者的一位同事，本科也是就读于曲阜师范大学，硕士就读于华东师范大学，也通过面向双一流高校毕业生的招聘得以顺利到我校（青岛二中）工作。所以，如果真的很在意高校的档次，那么报考时的范围确实可以缩小很多。

当然，不是每名学生都有进入双一流高校的实力，即使只是冷门的一流学科，也不会是分数低到谁都能轻易够到的地步。假如成绩和位次确实不高，那通常的推荐还是大中城市的公办高校，同时结合专业考量，以考研究生和更好就业为目标进行选择。

三、圈定好中意的高校后要做好研究攻略

志愿填报准备时间并不仅是高考出分后那半个月的时间，之前的"攻略"做得越到位，就越少遗憾。放榜的分数和位次只是给了你一个精确的定位，在之前的攻略之上做些细致的调整、补充、完善即可。提前准备会让你从容不迫地完成志愿填报。

1. 研究中意高校近三年来所有专业的最低录取位次

在这里还要再次重申，研究高校录取的首选是位次而不是分数。研究录取位次是大家都知道的老生常谈，但也是研究攻略第一步必需的基础。虽然高校录取一直有"大小年"之说，但"小年"毕竟是无规律可循的少数，常规的录取位次多数变化并不大。

查阅好每个高校的录取位次，再参考自己的位次，通常还需要上下浮动40%。假如你考了全省2万名，那么摸高到一万出头的名次、保底到2.8万甚至3万多的位次，基本就可以锁定区间了。以南京邮电大学为例，该校2021年在山东省的最高的专业提档线位次是计算机科学与技术14 492名，最低的专业提档线位次是国际经济与贸易25 738名。那么这名考了2万名的考生就可以考虑报考南京邮电大学以及与之近似档次的高校了。

当然一所高校中不同专业的提档线可能还会有较大差异，通常一些冷门专业、非优势专业、新设专业、中外合作办学专业等分数都会偏低。如果坚持报考这所高校，相对分低的专业就要多加留意。以上海海事大学为例，该校2021年在山东省的最高专业提档线位次是工科试验班（电子与信息类）18 812名，最低专业提档线位次是机械电子工程（中外合作办学）51 824名，相差在3.3万名左右，这与机械电子工程是中外合作办学的方式有很大关系。再来看吉林大学，该校2021年在山东省的最高专业提档线位次是临床医学（5+3一体化）4 809名，

凡心所向，一苇以航
高中班主任指导学生生涯规划策略谈

最低专业提档线位次是护理学29 711名，相差约2.5万名，作为一所传统985高校，最低录取到近3万名确实不高，这应该和"护理学"专业近年来遇冷有很大关系，而且很多能考到双一流高校的学生不会考虑去学知识含量相对不高的护理学，即使有志于医科方向也会选择临床医学、口腔医学、中西医临床医学、中医学、针灸推拿学等专业。但如果有学生愿意接受护理学专业，就可以作为双一流高校的"捡漏"备选了。

假如学生要报考的专业非常明确，那还可以把此专业下的位次浮动区间合理范围内的高校锁定，再从中仔细选择。如一名山东省考生立志要学"风景园林专业"，我们先以2021年的山东省普通本科提档线为参考，以下是部分高校的风景园林专业的提档线：

假如这名考生位次在1.5万名左右，他基本可以在北京林业大学、苏州大学、暨南大学、深圳大学、华中农业大学、西南大学、南京农

高校	位次
华南理工大学	4 283
北京林业大学	12 158
苏州大学	13 745
暨南大学	17 805
深圳大学	18 724
华中农业大学	19 738
西南大学	20 123
南京农业大学	20 712
合肥工业大学	23 232
西安建筑科技大学	24 405
南京林业大学	26 866
海南大学	29 592
东北农业大学	33 445
华侨大学	36 896
昆明理工大学	46 090
青岛理工大学	62 799
江西农业大学	78 388
山东建筑大学	81 235

业大学、合肥工业大学、西安建筑科技大学、南京林业大学之间选择，因为华南理工大学的可能性很小（假如想赌一次也未尝不可，毕竟有96个填报志愿机会），北京林业大学、苏州大学可以作为摸高学校填报，暨南大学、深圳大学、华中农业大学基本可以作为符合他位次的中档学校填报，其余两三万位次区间的基本都可以作为保底志愿来填报。假如考生位次在2.5万名左右，南京农业大学之前的学校都属于摸高，合肥工业大学、西安建筑科技大学、南京林业大学、海南大学都比较吻合他的位次，其余的都可以作为保底志愿。当然这只是一年的提档线，正常情况下需要研究三年的提档线，将上下浮动情况计算在内。

2. 研究中意高校的校区分布与专业分布

目前随着高校规模的不断扩大和院校的合并,很多高校不再只是一个校区,出现一座城市多个校区甚至跨城市跨省份校区的情况。学生最好先摸清这些基本情况,再做一些取舍。因为不是每个校区你都愿意接受,不同校区的录取分数会有一定差异,不同校区可能会有不同专业的分布。

现在的吉林大学是在原吉林大学、吉林工业大学、白求恩医科大学、长春科技大学、长春邮电学院的基础上合并组建而成的。学校目前拥有6个校区,分布在长春市的各个方位,校区虽多,好在都在长春市。由扬州师范学院、江苏农学院、扬州工学院、扬州医学院、江苏水利工程专科学校、江苏商业专科学校6所高校合并组建而成的扬州大学,与吉林大学也是同样的情况,一座扬州城就有它的7个校区。

由原山东大学、山东医科大学、山东工业大学合并组建而成的山东大学,目前形成了一地三校八个校园的格局,分布在济南、青岛、威海三个城市。这三个城市还是比较受欢迎的,所以即使与你想象的校区所在地不一致你也还能接受。与之类似的还有国防科技大学,虽然有长沙、武汉、合肥、西安、南京5个校区,但都在省会城市,也是可以接受的范围。

但如果校区之间差异很大,不做好研究你可能要追悔莫及了。中国石油大学(北京)既有在北京的校区,也有远在新疆克拉玛依的校区。而著名的哈尔滨工业大学,既有黑龙江省的哈尔滨校区,也有山东省的威海校区,还有深圳校区,如果你向往的是冰雪世界,那就千万看准了再填。

很多高校不同校区的专业是不同的,如广东医科大学,临床医学、麻醉学、医学影像学专业在湛江校区,口腔医学、康复治疗学、法医学、医学检验技术、预防医学等专业在东莞校区。暨南大学更加复杂,学校在广州、深圳、珠海有五个校区,校本部在广州市石牌,汉语言文学、广告学、网络与新媒体、生物科学、口腔医学等专业在石牌校区,财政学、税收学、市场营销、法学等专业在番禺校区,汉语国际教育等专业在广园东校区,金融学、国际商务、工商管理、行政管理等专业在珠海校区,旅游管理、风景园林、电子商务、商务英语等专业在深圳校区。填报时确实要睁大眼睛看清楚。也有的高校两个校区有相同的专业，如山东第一医科大学，在泰安校区和济南校区都设有药学、医学实验技术、生物技术、制药工程专业，不过泰安校区是主校区，济南校区则享有省会城市的便利，报考的时候一定要根据自己的需求来填报不同校区。

3. 研究中意高校的重点专业

每个高校都有自己的优势专业，不管是进入高校官网还是进入百度百科查阅，都很容易找到这个学校的各专业介绍。以山东大学为例，官网中明确写有"山东大学一流学科领域"的介绍：

> 数学与数据科学。以数学学科为核心，涉及控制科学与工程、计算机科学与技术等学科。
>
> 化学与物质科学。以化学学科为核心，涉及物理学、环境科学与工程等学科。
>
> 材料及加工制造。以材料科学与工程学科为核心，涉及机械工程等学科。
>
> 中国古典学术。中国古典学术学科是对中国传统学术进行整体性研究和创造性转化的学科，涉及中国史、考古学、哲学、中国语言文学等学科。
>
> 临床医学与重大疾病。以临床医学学科为核心，涉及基础医学、生物学等学科。

这些学科无疑就是山东大学的重点学科。

查阅百科可以得知，山东大学有一级学科国家重点学科2个（涵盖8个二级学科）、二级学科国家重点学科14个、二级学科国家重点培育学科3个，还有一级学科博士学位授权点、一级学科硕士学位授权点、博士后科研流动站的多个学科。这些资料涉及的各个学科都是该校的优势学科。只要认真查阅就不难找到一所高校的重点建设学科。

如果一所高校不是名校，其实也有相对优势的学科。

如山东理工大学，这是一所省属高校，但认真查阅就会知道，它有5个国家特色重点专业：电气工程及其自动化、车辆工程机械类、交通运输、机械设计制造及其自动化、农业机械化及其自动化。拥有博士后科研流动站3个，博士学位授权一级学科4个，硕士学位授权一级学科25个。

四、填报时的技巧策略

1. 拉开档次拒绝滑档

填报志愿有句老话叫"冲一冲、稳一稳、保一保"，有人曾经批判这种填报原则的落伍之处，笔者倒觉得本没有一种法则是没有缺陷的，关键是怎么用好它。

拉开档次填报可以有效规避高分低报和低分高报的情况出现。前者过于保守，后者过于冒险。所以最靠前的志愿和最靠后的志愿要拉开不止一个档次的差异，位次越靠后的考生，档次拉开得就要越大，因为同分考生人数会很多。以山东省的填报为例，假如考生位次在6 000名，想报考师范类院校，目标又锁定在大城市，那么可以摸高希望不大的北京师范大学、华东师范大学，可以稳住符合自己位次的南京师范大学、华中师范大学、东北师范大学，用首都师范大学、天津师范大学、华南师范大学等保底。

山东省高考目前实行的"96个专业＋学校"都是平行志愿，顺序录取，无调剂志愿。首先要做好的是不能滑档。因为无调剂志愿意味着假如96个志愿都没有被投档，那么你很大概率地要去填报专科了，毕竟追加志愿和未报满志愿都所剩无几且有吸引力的极少。如2021年山东省高考本科常规批第一次投档，投档计划数210 611人，实际投出210 596人，剩余计划15个，投档完成率99.96%。也就是说，基本不用妄想捡漏。2021年山东省高考综合类考生普通类一段的录取分数线是444分，从500分开始，到444分之间，有4.8万名考生出现了滑档的情况，从而无缘本科，除此之外还有500分以上的考生出现了滑档，实在是可惜，这就是存在着严重的报考失误。

山东省的高考录取是按1:1.2的比例提档的，所以难免出现滑档，尤其是超

凡心所向，一策以航
高中班主任指导学生生涯规划策略谈

过一段线分数不多的考生，从山东省来看，过线20分以内是滑档最集中的分数段，每一分都有超过千人滑档。避免滑档要做好的就是保底志愿的填报。既然是保底志愿，就要选择比你的全省位次低得多的学校和专业来填报。因此，一定记得拉开志愿高校和专业的档次，最后10%的志愿尤其要注意参照往年远低于自己的位次填报。还要注意高校招生名额的变化，有的高校的某些专业相比上一年在本省的招生人数缩水不少，从而造成当年的投档位次上涨，而很多考生都会忽略掉这一点。不过，也有一些高校专业会增加招收人数，还有某一年的新增专业，不少人并不了解，这些都能增加填报的命中率。另外，还要注意选科要求、语种限制、单科成绩要求、性别要求、身体条件要求、生源地要求、是否委培等条件，不要造成无谓的志愿浪费。

当然，因为有1:1.2的比例提档要求在那里，所以滑档考生避无可避，只是要小心填报，尽可能避免自己成为其中的一员。实在是压线过本科线的低分生，也要为下一步的专科志愿报考做好同样的准备。专科报考在高考中占比非常大，2021年山东省高考共录取考生688 509人，本科录取294 373人，专科录取394 136人，专科录取比本科多录取近10万人，所以假如本科过线分数不高的同学，未雨绸缪做好两手准备是非常必要的。而在专科报考中，考虑一所院校的师资、学风、口碑、专升本比例等是非常重要的。我国有很多专科资质高校，办学水平确实存在差异，因此功课更须提前做好。另外建议报考专科时对专业的考虑比重要加大，多考虑对就业有利的方向，多考虑技术含量较高的专业，如铁道工程技术、城市轨道交通运营管理、数控设备应用与维护、医学检验技术、汽车电子技术、市场营销、计算机科学与技术、物流管理、机电一体化技术、报关与国际货运等专业。

2. 填报提前批或港澳招生，多一次录取机会

在普通本科一批投档之前有提前批次的投档，涵盖比较广，强基、综招、高校专项计划、公费师范生、公费医学生、公费农科生、军事类、公安政法类、航海类、飞行技术类、委培师范生、艺体类等都在提前批招生。

提前批志愿内有些是有限制的，如艺体类、飞行技术类、高校专项计划、综

合评价招生等都要先通过之前的专业类测试，但是还有很多是面向普通考生的，如公费师范生、公费医学生、军事类、公安政法类等，就算没有事先做过准备，也可以尝试填报。因为即使提前批不录取也不影响之后的普通批录取，有的提前批投档位次还低于普通批的最低投档位次，不失为多一次机会的尝试。如2021年中国人民大学在山东省提前批的最低分数线是652分，位列全省1 495名，而普通批最低录取位次是1 084名。浙江海洋大学提前批轮机工程（轮机管理方向）最低分448分，仅仅比山东省一段线高出4分，名次已经到了26.8万名，而常规批的最低分专业是船舶与海洋工程（中外合作办学），需要达到528分93 423名，二者相差80分。

不过并不能盲目填报提前批志愿，必须是自己真心希望就读的专业，不能在录取之后再生后悔之意，因为被提前批录取之后就没有机会被后续的批次录取了。还要做一点提醒的是，专科批次也有提前批志愿，山东省的飞行技术和直招士官都设了专科提前批，而直招士官对男生来说也很不错。

即使有的学生没有任何特殊才能和奖项去报考艺体、综招之类的特殊招生，在家境许可的条件下，提前报一两所港澳高校也是不错的选择。相比而言，在港澳就读不需要欧美留学那么高的学费和生活费，离家近，交通便利，港澳的名校在国际上受认可度高，毕业后找工作也相对容易。港澳录取和内地录取几乎同时进行，可以参考对比能录取的不同高校，分数较低的同学还可以选择就读大学先修班，这是内地高校没有的录取政策，都是一些利好消息。

3. 不要轻易放弃相对偏远高校和冷门专业

大城市中的名校都会受到追捧，但毕竟高分考生是少数。所以中分段和低分段考生不能眼睛只盯着大城市和好学校，选择适合自己的才是最重要的。

首先，同等办学水平之下，相对偏远地区的高校肯定分数会低。西北农林科技大学地处陕西省咸阳市杨凌示范区，地方偏远又是不受欢迎的农林类大学，2021年它在山东省最低提档位次是环境科学（中外合作办学）专业的40 434名，很多人甚至忘记了这是一所985高校。

其次，高校的分校区分数通常都低于主校区。如山东省2021年大连理工大

凡心所向，一苇以航
高中班主任指导学生生涯规划策略谈

学（盘锦校区）最低录取到了 39 662 名，东北大学（秦皇岛分校）最低录取到了 30 921 名，哈尔滨工业大学（威海）最低录取到了 33 047 名。都远低于主校区的最低录取位次。非名校如青岛理工大学，去除中外合作办学的专业，青岛主校区最低录取位次在 93 720 名，而临沂校区各专业录取位次均在 12 万到 17.6 万之间，明显低于主校区。青岛科技大学主校区与高密校区之间、齐鲁工业大学济南校区与菏泽校区之间都存在着类似的差异情况。

再次，冷门专业、中外合作办学专业、校企合作专业往往分数较低。同一所高校，认真比对投档表就能发现，录取位次偏低的除了就业薪资低、就业率低、劳动强度大、环境差等造成的冷门专业外，中外合作办学专业、校企合作专业也是分数偏低的专业。前者可能是出于学费原因，如北京交通大学，它的三个中外合作办学专业——纳米材料与技术、机械电子工程、交通运输，学费在 5 万~6 万元，而普通本科学费是 5 000~5 500 元，因而中外合作办学专业最低录取到 31 857 名，普通本科最低的土木类专业录取到 12 735 名。再如南开大学的电子商务专业（中外合作办学），学费 6 万元，录取到 9 969 名，而普通类本科学费是 5 200~6 200 元，最低的历史学类录取到 3 923 名。校企合作专业也存在类似情况。青岛科技大学的软件工程、物联网工程都是校企合作专业，都与青软创新科技集团合作，也是录取位次偏低的专业。校企合作的招生模式体现了一种双赢合作模式，企业保证了人才供给，学生也能解决就业难题，只是受到了一定限制而已。所以，想要低分上一所不错的学校，这些都是可以考虑的报考技巧。

总之，志愿填报是一门学问，班主任老师做出适时指导，学生和家长提前做好规划，才不枉费走过高中生涯规划的最后一站。

第五章　校外生涯探索活动

第一节　研学旅行

研学旅行是备受学生期待的生涯探索项目，尤其是时间长可以住宿的研学旅行。

2013年2月2日，国务院办公厅颁布《国民旅游休闲纲要（2013—2020年）》，纲要中提出"逐步推行中小学生研学旅行"的设想。2014年4月19日，教育部基础教育一司司长王定华在第十二届全国基础教育学校论坛上发表了题为《我国基础教育新形势与蒲公英行动计划》的主题演讲。在会上，他首先提出了研学旅行的定义：研究性学习和旅行体验相结合，学生集体参加的有组织、有计划、有目的的校外参观体验实践活动。他认为只有在老师组织下，以年级或班级为单位，学生们要一起动手，共同体验相互研讨，要有动手的机会、动脑的机会、动口的机会、表达的机会，这样才是真正的研学旅行。因此，与家长一起的旅行，不动手、不动脑、不动口的旅行只是游览参观的旅行，并不是真正意义上的研学旅行。

研学旅行的开展不能一蹴而就。河北省、上海市、江苏省、安徽省、江西省、广东省、重庆市、陕西省、新疆维吾尔自治区成为全国首批研学旅行试点省市。2016年，教育部等11部门《关于推进中小学生研学旅行的意见》颁布，将研学旅行的意义、目标、原则、任务、保障做了进一步的规范。2017年12月6日，教育部根据《教育部办公厅关于开展2017年度中央专项彩票公益金支持中小学

凡心所向，一苇以航
高中班主任指导学生生涯规划策略谈

生研学实践教育项目推荐工作的通知》公布第一批"全国中小学生研学实践教育基地"名单，将中国人民革命军事博物馆等204个单位列为"全国中小学生研学实践教育基地"。笔者所在的山东省共有中国海军博物馆、山东省防震减灾科普馆、青岛鲁海丰海洋牧场、曲阜孔庙孔林和孔府、山东北海湿地鸟类教育基地、孟庙孟府孟林景区、山东博物馆、台儿庄古城景区、蒙阴岱崮地貌拓展服务中心9个教育基地上榜。2018年，山东省公布了《关于公布第一批全省中小学生研学实践教育基地名单的通知》，将山东省山青世界青少年实践活动中心等65个单位列为第一批"全省中小学生研学实践教育基地"。其他省级和市级的中小学生研学实践教育基地名单也陆续出炉。

在实际操作中研学旅行面临着重重困难，致使很多学生其实并未真正意义上进行过研学旅行。其实研学旅行可长可短，短则一天，长则一周左右。笔者有一次去广州市的一所名高中参观访问时了解到，这所高中还曾经开展过高端的跨境研学——前往欧洲国家探访迷人的西方文明史，甚至还相继产生了七条不同的路线。当然这需要富裕的家庭条件支撑，人数也不宜过多，老师的计划要求得更加完备，不能变成走马观花的异域之旅。在国内，跨境研学不具备普适性，所以我们还是探索进行常规性研学活动。那么，班主任组织研学活动要注意哪些问题呢？

一、研学旅行的安全保障

众所周知，组织未成年人集体活动，安全工作是重中之重。要把安全工作放在首位，不折不扣地去准备和执行。不能因为怕出事就停止一切校外集体活动，行因噎废食之举。研学旅行不同于家人出游，不是走马观花，不同于任何一场"说走就走的旅行"。孩子们更在意的是和朝夕相处的小伙伴们一起出游，在意的是在看看、想想、动动、说说中撷取好奇心的火种、智慧的火花，不经意地发现通向未来的某个路口。

做好安全保障，要注意以下几点：为每个孩子购买正规保险，如交通险、意外险等；在活动开展之前严肃、正式地讲清楚安全的重要性，让所有学生出行时务必听从指挥,教授安全知识,明确发生意外的处理方式;做好旅行攻略,将前往景点途中可能要遇到的不安全因素都提前讲好,如山路、陡坡、石阶、雨天特殊情况等,必须叮嘱到位;做好严格的学生分组,由责任心强、能力强的班委来担任组长,务必每一次集合都能小组成员快速点数报备,节约时间的同时方便查找人员;发挥家长的力量,有时间、有热情的家长可以随行,尤其是需要住宿的研学旅行,家长可以帮助班主任解决看护问题;除了班主任,可增加其他老师、辅导员或者导游同行,大人和孩子的配比可以尽量接近一些。

二、研学旅行的经费筹措

研学旅行在发达地区相对容易施行起来,有一个重要原因是经费不成问题,毕竟孩子们绝大多数来自不愁温饱的家庭,家长们不会计较旅行的费用,即便有特困生也是极少数,可以通过减免经费来解决。但在不发达地区,组织这类活动就会有不小的阻力,更不要说山区、偏远城镇地区了。毕竟学生的数量很多,靠政府和学校显然无法筹集资金,学生的家境不允许的话,强制参加显然是不合理的。但即使是学生自愿选择不参加,学校和老师也要顾及孩子是否会因此受到心灵的创伤。

目前确实没有好办法解决全国范围内的研学旅行的经费问题,只能慢慢推进,期待随着物质生活越来越优越,能覆盖到越来越多家庭的孩子。但也可以有折中一点的办法,就是先进行短途的研学旅行,在一到两天内完成,这样的花费要少很多。其实只要用心寻找设计,在本省、本市都可以找到适合学生的研学场所,尤其是对于偏远一点的县市区的孩子,他们去过的地方并不多。如我们曾经策划过的市内研学地点——青岛非物质文化遗产博览园和即墨马山地质公园,距离市区车程只有不到一个半小时,但那是我们精心挑选后确定的研学目的地,想借此深入接触和体验胶东的非遗文化,还可以亲眼看一下有特色的神奇地质,一天的时间足够往返。我们还在高一刚开学不久就开展了探访"青岛名人故居"的研学旅行,在交通便利的市区内学生自行组织参加(班主任不在本市没有带队),

凡心所向，一苇以航
高中班主任指导学生生涯规划策略谈

时间只有半天，算作"旅行"虽说有点勉强，但也算是牛刀小试的初尝，刚入高中的学生也对研学充满了兴趣和向往。有出行经验的人都知道，旅行最贵的开销是交通费、食宿费和门票费三大类，交通选择火车或者大巴，食安排自带或者提前攻略合适就餐地点，宿安排连锁经济酒店，门票可由政府相关部门制定减免优惠政策，或者选择不收门票的景点，就可以帮助越来越多的学生实现研学旅行的心愿。

三、研学线路的开发设计

虽然上文中已经提到，上到教育部，下至地市级，都出台了文件提供了多个研学基地，但真正想找到既有意义又深受学生欢迎的研学线路并不容易。如果只是简单地按照基地名单去研学一番不是不可以，但在趣味性、新奇性上可能要打折扣，如果是超过三天的研学旅行，线路的设计尤其重要，景点的取舍和串联须提前下功夫。如果给学生充分的能动空间，在学生中间征集线路，效果可能会更好。

2020年，新冠肺炎疫情突如其来，本该进行的2019级省外研学旅行被迫叫停，孩子们很是失望。在疫情未定的情况下，孩子们延迟开学在家进行线上学习。当时，笔者就想到，如果让学生来设计一次研学线路，当疫情过去条件又成熟的话，是不是就可以直接拿来运作呢？而且还可以打破在线上学习的沉闷，给他们增加适当的亮色，也能重新点燃他们的热情，给予未来美好的期盼。于是，在疫情汹涌来袭的时刻，笔者带的班级开启了"云研学"旅行策划活动。

"云研学"活动的策划步骤为：第一步，召开舍长会，颁布"云研学"方案，向舍长解读方案并做出指导。以山东省周边为主，设定了河南省、江苏省、浙江省、山西省、安徽省5个省份让学生自由选择设计，规定此次出行时间为5天，从青岛市出发，交通工具、交通时间都是按照实际时间制定，做好时间衔接，不要出现等候时间过长、车程较长等问题，出于安全和经济考虑，出行交通首选火车；要提前安排好食宿方案，住宿地点离当天最后的研学景点或者第二天一早的研学景点距离要合适；景点线路不能走回头路，尽量选取最精简最有价值的地方，要有所取舍，吸取往届线路规划不够合理半天时间行在路上的教训；结合班级特色，景点的选取要契合此次研学的意义价值。第二步，班群发布"云研学"方案。舍长在自己的宿舍群带领同宿舍同学进行商讨，实施分工合作，确定查找资料、路线设计、食宿交通、门票、制作课件等任务。第三步，确定研学线路及所有细节，将文字版初稿发给班主任指导之后做调整改进，制作成精美PPT以备展示。

因疫情防控延迟开学之后，我们利用班会进行了七个宿舍的"云研学"活动展示。大概因为所带的是人文团队，女孩居多，对风景秀雅美丽、才人辈出和富含人文气质的景点情有独钟，七个宿舍中有四个宿舍不约而同地选定了江浙一带的江南线路。其余三个宿舍则分别选择了河南线、山西线和安徽线做规划。在这次内容丰富多彩的展示班会上，宿舍代表集合了集体智慧，设计线路新颖有趣，富有价值内涵，即使是四个同样选择江浙线路的宿舍，路线也绝不雷同，都注入了自己的思考。在全班展示完毕后，大家对最喜欢的线路进行了投票，并对获得前三名的宿舍进行了奖励。最后，来自229宿舍的研学方案获得了最高票，当时我们决定如果有机会进行省外研学，这就是我们的参考路线。

229宿舍方案展示如下：

2019级人文MT研学方案
江南华东线

往返交通工具选择

1. 去程

①高铁：G232　　　青岛站—南京南站　09:07—14:52

全程6h48min（h，小时；min，分钟）

票价约398.5元

②飞机：SC4695　　青岛流亭机场—南京禄口机场　07:30—08:45

全程1h15min

票价约460元

凡心所向，一苇以航

高中班主任指导学生生涯规划策略谈

最优选为飞机

返程

①高铁：宁波至青岛无直达

②飞机：SC4884　宁波栎社机场—青岛流亭机场　16:55—18:35

　　　　全程 1h40min

　　　　票价约 400 元

最优选为飞机

（注：本方案为 2020 年制订。青岛机场已经于 2021 年 8 月 12 日变更为青岛胶东机场，青岛流亭机场停止使用，飞机路线可做相应调整。）

一．游览路线

Day1　青岛—南京

　　08:45 到达南京禄口机场

　　大巴车出行 约 40min

上午　中山陵景区（周一闭馆 实名限量预约）

　　游览时间约 1h30min

为中国近代民主革命先行者孙中山的陵墓，中山陵风景区包括博爱坊、墓道、陵门、碑亭、祭堂和墓室等建筑。整个建筑群依山势而建，由南往北排列在一条中轴线上，墓地全局呈"警钟"形图案。

　　大巴车出行 约 19min

总统府（周一闭馆）

　　游览时间约 45min

清朝为江宁织造署、江南总督署。1912 年元旦，孙中山在这里就任临时大总统，就将此作为总统办公室和会议室，此后一直作为总统官邸。建筑中西合璧，大气且耐人寻味。既有古代传统的江南园林，也有近代西风东渐的建筑遗存。

先游览中山陵瞻仰中山先生，再至总统府品味中山先生遗风。

第五章　校外生涯探索活动

　　大巴车出行 约 15min

下午　侵华日军南京大屠杀遇难同胞纪念馆

　　游览时间约 2h

侵华日军南京大屠杀遇难同胞纪念馆位于原日军大屠杀遗址之一的万人坑，是一处以史料文物、建筑、雕塑、影视等综合手法，全面展示南京大屠杀惨案的专史陈列馆，让人们铭记悲痛历史，勿忘国耻。展馆分为广场陈列、史料陈列、遗骨陈列三个部分。广场陈列有记录大屠杀时间的十字架形标志碑、刻着遇难者名字的"哭墙"、记载大屠杀史实的浮雕、大型石雕母亲像、"万人坑"遗址等。

　　大巴车出行 约 13min

晚间　夫子庙秦淮风光带

　　游览时间约 1h30min

夫子庙秦淮风光带是指以夫子庙为中心的秦淮河一带，包括两岸的街巷、民居及附近的古迹等。主要景点为始建于宋代的夫子庙，位于秦淮河北岸的贡院街旁，原是祀奉孔子的地方。

　　步行 约 25min

南京德云社

　　晚场时间为 19:30—22:00

位于老门东历史街区，可从夫子庙进入，步行欣赏沿途风光到达。品味中国传统文化魅力，享受放松时刻。体会北方语言文化和江南水乡的交融。

Day2　南京—苏州

　　南京—苏州大巴车出行 约 4h50min

下午　留园

　　游览时间约 1h30min

园内亭台楼阁、奇石曲廊，加上满园的绿意和一汪碧水池塘，景致很是秀气。在这里，可以体会一种园林山水之间的平淡气息。全园分为四个部分，在一个园

凡心所向，一苇以航
高中班主任指导学生生涯规划策略谈

林中能领略到山水、田园、山林、庭院四种不同景色。

    大巴车出行 约 15min

拙政园

    游览时间约 1h30min

为苏州存在的最大的古典园林。全园以水为中心，山水萦绕，厅榭精美，花木繁茂，具有浓郁的江南水乡特色。花园分为东、中、西三部分，东花园开阔疏朗，中花园是全园精华所在，西花园建筑精美，各具特色。园南为住宅区，体现典型江南地区传统民居多进的格局。园南还建有苏州园林博物馆。虽与留园同居中国四大名园之列，但是和秀气温婉的留园不同，拙政园更加端庄大气，对比来看更能品出其中韵味。

Day3 苏州—乌镇

    大巴车出行 约 15min

上午 中国苏绣艺术博物馆

    游览时间约 1h

苏绣以绣工精细、针法活泼、图案秀丽、色彩雅洁著称，为"中国四大名绣"之一。中国苏绣艺术博物馆现主题陈列有宫廷刺绣艺术、民间刺绣艺术两部分，其中包括唐宋元明清时期包经书的经帙，在近代绣品室，重点陈列了素有"绣圣""神针"美称的刺绣艺术家沈寿的刺绣杰作。

苏州—乌镇 大巴车出行 约 1h22min

下午 西栅

    游览时间约 2h

西栅毗邻古老的京杭大运河畔，由 12 个碧水环绕的岛屿组成。景区内保留了大面积的明清建筑，西栅老街横贯东西，内有纵横交叉的河道无数及形态各异的古石桥 72 座，真正呈现了原汁原味的江南水乡古镇的历史风貌。

晚间 西栅夜景（可考虑乘坐乌篷船游览）

游览时间约 1h30min

夜游西栅和白天是完全不同的感受。特别是坐着乌篷船泛舟河上,河面上是被灯光映照出彩色倒影的一座座古桥,顺着河道看两岸的古建筑在色彩斑斓的灯光中呈现出新的意境,新旧交替恍然如入两座古镇,一个是昨日的斑驳,一个是今日的绚烂。

Day4　杭州—绍兴—宁波

杭州—绍兴 大巴车出行 约 1h

上午　鲁迅纪念馆

游览时间约 30min

鲁迅纪念馆位于鲁迅祖居内,也是全国规模最大、内容最全的关于鲁迅的纪念馆。博物馆很漂亮,总共有两层陈列。第一层主要是鲁迅年少时期和青年时期,第二层主要是鲁迅在文学中使用匕首和投枪战斗的时期。

百草园＆三味书屋

游览时间约 1h

初中课文《从百草园到三味书屋》中已经介绍详细。联系实际景色,回顾课文,别有滋味。

步行 约 10min

沈园

游览时间约 1h

沈园是陆游与唐婉邂逅的浪漫园林,经典的《钗头凤》便出于此,寄予了这座精巧的江南园林许多浪漫的想象。

（午餐可于咸丰酒店就餐）

大巴车出行 约 25min

下午　兰亭＆书法博物馆

游览时间约 2h

凡心所向，一苇以航
高中班主任指导学生生涯规划策略谈

兰亭是东晋著名书法家、书圣王羲之的园林住所，是一座晋代园林。相传春秋时期越王勾践曾在此植兰，汉时设驿亭，故名兰亭。现址为明重建，而后几经改建，于1980年修复成明清园林的风格。《兰亭集序》便写作于此。

绍兴—宁波 大巴车出行 约 1h30min

晚间　南塘老街

游览时间约 2h

曾经是旧宁波商贸文化聚集地的"南门三市"，位列宁波八大历史街区之一。老街完整保留500多米的江南传统街巷，并在设计建设中成功将老街的历史神韵、建筑特色以及名人文化巧妙融入街区布局，再现百年来宁波人经商交易、日常生活的浓厚风气。

Day5 宁波—青岛

大巴车出行 约 15min

上午　天一阁

游览时间约 1h

天一阁是现存古老的私人藏书楼之一。博物馆的建筑风格偏向于江南园林式，园内建有明州碑林，数百通石碑记载了古代官方的教育史。书画馆会不时展出一些历代书画精品和名人雅士的书画佳作。这里还有麻将陈列馆，可以让你了解到麻将文化的起源与发展。它的传奇故事我们已在《风雨天一阁》之中领略。

宁波—青岛 约 14:00 到达机场

约 18:35 到达青岛

这一研学路线设计虽然还有不够合理的地方，但能看出学生确实是精心查阅了很多资料、考虑周全之下做出的方案，能够当选第一名，也说明它获得了大家的青睐。而且，其余六个方案也各有所长：河南线的设计注重了历史古迹的探寻和文化传承的体验，清明上河园、开封府、殷墟、太昊伏羲陵、女娲城、二里头遗址博物馆、黄河文化公园、河南博物院、中国文字博物馆、龙门石窟都包括在内，既有大热又有小众，涉及黄河文化、神龙文化、佛教道教文化、汉字文化，颇为用心；安徽线则选取了三国遗址公园、安徽省博物馆、李鸿章故居、古逍遥津、包公园、三河古镇、渡江战役纪念馆等颇为小众但历史意蕴丰富的人文景观；山西线设计得中规中矩，太原附近围绕王家大院、晋祠、平遥古城活动，之后北上大同，周边有云冈石窟、应县木塔、悬空寺。这是吸取往届穿越整个山西在路上耗费太多时间的教训，只取了山西精华的中部和北部景点，舍弃了南边壶口瀑布附近的景观，依旧突出了人文特色。其余三个宿舍都是江浙线，此处不再赘述。

纵观这次活动，虽然是一次"望梅止渴"的活动，但学生的参与热情很高，每个路线都不是常规的旅行社的路线，充分发挥了自由行的精神。而且因为是人文团队，特色分明，所以无论哪条路线，都凸显了人文气质，对自然风景的游赏较少，主要集中在历史文化景点上，孩子们查阅资料非常用心，线路设计合理，如果成行都将是满满的收获。当然，研学还要求动手、动脑、动口的协作，安排在玩中学、在学中玩的活动是很有必要的。笔者所在高中的2018级经济团队，他们也去了山西研学，结合经济团队的特色，重点考察了"晋商文化"，这对未来从事商业的孩子未尝不是一次很好的启蒙。而去了浙江省研学的2018级理工团队和生化团队，则在浙江大学各学院中体验了来自建筑工程、电子科学与技术、测控技术与仪器、生命科学等专业的动手、动脑活动，注重科技精神的他们也开阔了眼界、进一步明确了对未来的规划。

总之，把研学设计的主动权放手给学生，他们会还给你一段五彩斑斓的旅途。

四、研学旅行的具体组织

（一）研学目标定位清晰，意义和趣味兼备

孩子们对集体出游总是有强烈的好奇心和兴奋度，但研学旅行又不同于平常的"玩"，本身既严肃又活泼，在学术氛围的熏陶下不失孩子的天真与好奇，将未来的无限可能"始于足下"。同时，还可以针对不同的班级文化，进行不同的目标定位，遵从孩子们的兴趣和心愿，设定不同风格的研学旅行。

凡心所向，一苇以航
高中班主任指导学生生涯规划策略谈

笔者所在的学校，有对科学充满探究的生化团队和理工团队，曾经在嘉兴乌镇探访第一届世界互联网大会会址，未来的网络之星或许就在他们中间；参观以云生态为主导的产业小镇——云栖小镇，在这里将梦想装入时光胶囊，寄给未来的自己；在浙江大学体验了无人机试飞活动，在老师的认真指导下都成功完成了试飞，还简单地学习了Python语言，同学们利用Python语言编写了根据三角形三边边长计算三角形面积、绘制五角星图形的两个简单程序，并了解了土木工程专业包含的基本内容、所需要的基础学科，比较具体地感受了土木系所研究的课题等，最后还分组用木棒和双面胶动手制作了小物件。这样的丰富内容，开启了孩子们对未来的美好憧憬，积极吸收，动手尝试，只要给他们一颗种子，未来就会长成参天大树。而人文和经济团队，则因为定位不同，开启的是文化研学之旅，在壶口瀑布旁感受黄河文化、在乔家大院里感受晋商文化、在云冈石窟前感受佛教和雕塑文化，在平遥古城内感受建筑文化，在晋祠中感受园林文化。研学旅行的定位和特色各异，但带给孩子们的趣味和对知识与未来的好奇心、探索欲、创新精神是相同的。

（二）研学路线规划合理，充实有序高效

著名作家余秋雨先生提出"路就是书"。行走在路上，不停地翻阅这本"书"，即使路无言，旅行中也会涌进对世界和生命诸多体验。但毕竟高中时间有限，真正开展研学旅行的时间往往只有高一、高二两年，每一次策划研学旅行都费时费力，次数不会多，所以要珍惜每一次研学旅行的机会，即使短途也要精心准备线路，尽量让学生满意，收获多多。

之前说过，可以放手给学生开发研学线路，但班主任必须熟悉全过程，也要即时指导来弥补学生规划的不足。要规划合理，须注意以下几点：

1. 确定研学旅行大致的目的地，选择研学资源丰富且有特色的地区

省外旅行有很多可选的地方，众口难调之下首先要明确"去哪里"，才能细化后面的路线。既要考虑旅行的特色目的，又要考虑交通和经费预算，再就是时间安排，综合之下才好确定。短途旅行因为以省内或市内为主，相对来说对景点

第五章　校外生涯探索活动

更熟悉，但是因为学生去过的地方也不少，容易丧失新鲜感，选择既有意义又相对不热门的地方更合适，交通工具以大巴为首选。

笔者所带的班级曾经前往青岛市黄岛区进行了为期一天的研学旅行，黄岛区远离市区，车程接近两个小时，所以真正在那里认真游览过的学生不多，但是研学资源相对丰富，不仅有美丽的海景，还有众多可看的小众项目。那一天，学生们在电影博物馆观看了由黑白到彩色、由默片到有声电影、由胶片时代到数字时代的电影发展历史，还参观中外星光熠熠的荧幕殿堂；在贝壳博物馆参观了形状各异、美丽迷人的大小珍贝，了解到原来小小贝壳中蕴含着早期生物在原始地球的恶劣环境中的生存之道；在新华书店传媒书城见识了全国最大的3D打印——原比例打印的云冈石窟3号窟，使没有去成的省外研学的2019级学生在这里得到了稍许慰藉；在唐岛湾公园里的"中国院子"景点，汇聚从浙江、江西等地迁建的"徽派建筑"的"南方院子"，集结山西、陕西等地迁建的"晋派建筑"的"北方院子"，原拆原建的明清古建筑群落带给学生原生态的建筑文化。

因为时间关系，这次黄岛研学只进行了一天。如果时间允许，还可以做成两到三天的研学旅行。2019年，青岛市教育局、青岛市文化和旅游局联合下发了《关于评选青岛市首批中小学生研学旅行基地的通知》，青岛极地海洋世界等57处基地（场馆）被列为青岛市首批中小学生研学旅行基地，而其中黄岛区就占据了19处：贝壳博物馆、炎黄易医园、琅琊台风景区、海底隧道博物馆、明月海藻馆、东方影都融创影视产业园、纸乐园纸文化艺术科教馆、黄海学院博物馆研学基地、西海岸新区应急安全体验教育基地、滨海学院世界动物自然生态博物馆、青岛森林野生动物世界、中德科技体育生态研学旅行基地、绿泽画院、城市阳台海洋研学基地、中国院子、藏马山国际旅游度假区、山东行走齐鲁学农研学旅行基地、新华书店传媒书城研学基地、皓博堂中医药文化博物馆。

在我们团队短短一天的行程中，因为来回车程就要耗费3小时以上，所以只到访了上面三个地方——贝壳博物馆、中国院子、新华书店传媒书城研学基地。如果时间延长到两到三天，就可以继续选择其他研学基地前往。除此之外，985高校——中国石油大学也坐落在黄岛，可以联系大学了解石油文化，体验更高端的理工科实践项目。

凡心所向，一第以航

高中班主任指导学生生涯规划策略谈

附：黄岛研学总方案

一、出行路线及时间

1. 总路线

青岛二中地铁站—中国院子北方院子—中国院子南方院子—城市传媒广场—青岛贝壳博物馆—青岛电影博物馆—青岛故宫文创馆—青岛二中（行程结束）

2. 具体时间及注意事项

早上8点在学校旁边地铁站集合，统一发车前往中国院子北方院子[黄岛区S399（银沙滩路）]

车程：1h10min~1h20min

游玩时间：1h左右

约10:40左右前往中国院子南方院子

车程：10min

游览时间：1h左右

约12:00左右前往城市传媒广场（车程约12min），没有参观过3D打印云冈石窟的参观约20min

午餐在广场内自行解决，时间不超过1h

下午1:10左右前往青岛贝壳博物馆（黄岛区漓江西路唐岛湾步行街680号）

车程：3min

游览时间：1h~1h20min

注意：关注青岛贝壳博物馆官方微信，可通过博物导览免费观看重点藏品讲解

第五章　校外生涯探索活动

下午约 2:30 前往青岛电影博物馆（黄岛区滨海大道 2777 号万达茂步行街北侧）

车程：27~35min

游览时间：1h~1h20min

下午约 4:20 前往青岛故宫文创馆（市南区西陵峡路海上皇宫）

车程：50min

游览时间：30~40min

下午 5:50 返程　终点青岛二中

车程：40~50min　6:30pm 左右到达

注意：家离故宫文创馆近的可自行返回，返回前将名字上报给赵樱歌

二、费用预算

1. 租车费 + 司机午餐补贴费

   每人平均 30 元

2. 门票

   共 160 元

   其中贝壳博物馆、青岛电影博物馆需要学生证件证明

   午餐按个人选择自行付费

2. 规划线路要高效合理，不走回头路，不耗费太长车程

跨省研学有两种方式可以选择：

一是只去一个地方，以此为中心安排各种研学活动，这个地方往往研学资源丰富，可以提供三天以上的研学项目。如 2019 年笔者学校的数学团队和分校学生都选择了北京为研学目的地，有中国驻英国前大使马振岗先生带来的"中国外

凡心所向，一苇以航
高中班主任指导学生生涯规划策略谈

交政策""中美关系"等国际关系课题，有中国探月工程（二期）副总设计师孙辉先老师的有关中国探月工程的成果与未来发展讲座，有两位专家的理论讲解和带队实地探访故宫，有走进北京中医药大学在志愿者的协助下体验"针刺""推拿""艾灸""拔罐演示""耳穴""中药香囊制作"等中医类相关活动。北京的研学资源丰富、专家云集，既可以充实理论、开阔眼界，又可以实地探察动手制作，食宿安排相对集中方便。理工和生化团队的研学也是以杭州为中心延伸到乌镇和千岛湖的相对集中的研学形式。

二是在距离不算远、交通相对便利的省市间进行连续性的研学旅行，对线路设计要求较高，攻略准备要详尽，衣食住行都要提前安排好。如青岛二中的2018级人文和经济团队的山西行，经历了"青岛—太原（山西博物馆）—雁门关—大同（云冈石窟）—太原（晋祠）—晋中（平遥古城）—临汾市（洪洞县、壶口瀑布）—晋中（乔家大院）—太原—青岛"的纵贯山西全省的路线，从这个路线看，囊括了山西大部分的精华地点，但因为选择的是太原进出，路线重复太多，基本上从"山西中部—北部—中部—南部—中部"再返回的路线，所以就出现了不止一次坐车三四个小时的情况。因此，在当时笔者的班级进行"云研学"的时候，我给舍长做指导，就以上届的这次研学旅行为例，强调了路线合理性的重要。否则既耽误时间，又容易疲惫。假如给山西研学一个更佳的设计线路，可以做如下调整：如果想保留全省精华的这条线路，可以临汾进大同出，由南到北，"青岛—临汾（动车）—晋中—太原—大同（晚班飞机）—青岛"，反过来由北到南大同进临汾出也可以，因为青岛到临汾有两趟动车，大同与青岛之间有一班飞机，而青岛到太原虽然交通方便但太原地处山西省中部，无论向南向北都要走回头路，时间上耗费过久。如果不想纵贯全省路途遥远，可以选择平遥进大同出，路线为"青岛—平遥—晋中—太原—大同"，不再向南行，舍弃景点相对少的临汾，但可以北上时增加著名的应县木塔和悬空寺。同样此路线也可以改为大同进平遥出。青岛到平遥古城站有动车，到大同有飞机，完全不用走重复线路。景点相对紧凑，太原、晋中（平遥县也属于晋中）、大同都有很多可观的人文历史景点，缩短行程但是研学项目并没减少。

省内研学与之类似，无论是一天的短途研学还是两三天的中短途研学，都存在一个合理规划线路的问题，安排越高效，景点和项目越有趣味和意义，学生们的收获就越大。

在确定类似的研学旅行线路时，一定要让学生动手开发，能大大增强学生的规划能力，对地理知识、历史知识、艺术知识、文学知识都是学以致用的极好的锻炼和实践机会，班主任总揽全局，只要提出改进意见即可。而制定研学旅行线路本身，不就是一个小小的项目式学习吗？

（三）带着研学任务出发，带着研学收获归来

研学旅行是以"学"为目的的旅行，如果任务不明确，后期成果呈现不到位，就会浪费部分研学资源。虽然学生亲自走过、看过、想过、说过、做过，本身也会有收获，但如果任务能更加具体、反馈能更加及时、留下的实质性材料能更加丰富，一定会将研学旅行的效果最大化。所以班主任在指导和带领研学旅行时，还需要注意研学任务的布置、分配、敦促、反馈和呈现。通常可以采用这些方式：

1. 发布班级公众号报道

班级在高一就可以建立自己的公众号，公众号本身就体现着班级文化特色，是对外宣传的窗口，更是对青春的留念。如研学旅行这样的班级大事，全程的报道肯定要载入，而且通常是每天及时发布。常规的公众号发布可以实行分工，每天轮换，撰写文字稿、拍摄美照、编辑发布，三名同学合作就可以完成当天的任务。学生们乐意阅读，家长们感同身受，更是对外展示的亮丽名片，所以这是研学旅行要完成的基本任务之一。

2. 动手实践单个项目

研学强调大家的动手参与，思考表达，合作完成。在进行景点类的研学项目时，笔者都鼓励学生充当导游和讲解员，这样分到任务的同学就要事先做大量准备工作，才能在现场指引路线、娓娓道来，而这也是对信息搜集和筛选、组织与表达能力的极好锻炼。在景点众多的情况下，只要将任务细化，就可以人尽其责，分

凡心所向，一苇以航
高中班主任指导学生生涯规划策略谈

工完成。如果景点比较大文化内涵丰富，则采用小组合作的形式，每个人数不等的小组在内部分工即可。如平遥古城、晋祠、悬空寺、应县木塔、云冈石窟，都可以进行这样的分工。讲解者增加了知识储备，听众也接受了文化滋养，还省去了一笔导游费，何乐而不为？在进行科学类的研学项目时，学生的动手实践不可缺少。如对无人机的试飞体验、对电路知识的成功实验、对土木建筑原理的制作尝试、对计算机小程序的编写等，都是研学项目中学生的收获。

3. 完成研学文字记录

山东省综合评价系统中就有研学报告的上传任务，而这是每一个高中生都应该完成的任务。研学报告是对整个旅行的总结，也是兴奋游学过后的沉淀反思。在研学报告中，可以大处着眼，描述整个研学之旅的全过程；也可以细处描摹，对自己喜欢的某个项目着意凸显。即使综评系统要求上传的字数不多，但对学生个体来说，留下一个足够详尽的研学旅行记录就像收获了一份沉甸甸的果实，否则就像枝头的花朵，纵然当时好颜色，时日一久就难保鲜艳。偏理工科的同学可以将那些新奇未知的知识体验再次复盘，文艺范儿的孩子更可以用生花妙笔抒写性灵乐章，大家的交流展示只会给这次旅行增添更多博人眼球的光彩。

4. 召开班会总结

虽然研学旅行多数在假期中完成，但时机合适的话召开专门的主题班会，会提升活动的意义，也让大家重温欢笑、分享所得、巩固成果。短途的研学旅行安排在五一、国庆、周末这样的节假日居多，开班会要有时效性。班里有多才多艺的学生，他们会将拍摄的照片和影像做成生动有趣的小视频，给大家一个可以精心保留的纪念。当然少不了精美的PPT课件，用它来回顾研学的全过程。策划组织者、实践参与者、分工合作者，都可以将自己的角色体验分享给大家，也让大家知道背后的许多故事。班主任的点评更是必不可少。因为从教育者的眼光、从成人的角度，给他们中肯的评价、合适的建议和美好的期许，将研学旅行的意义加以提炼和升华，可以让孩子们的收获更加圆满。这些都会让他们对本次旅行念念不忘，也会让他们对下次旅行期待不已。

第五章 校外生涯探索活动

研学旅行，虽说历经重重困难，也让学校和老师顾虑重重，但在实践中笔者发现，它确实是学生们心向往之的生涯探索活动。班主任老师作为组织者和责任人，确实会很辛苦，但其中的乐趣也不可复制。期待有越来越多的山川大地留下学生们的足迹，让学生们的身体和灵魂一起在路上，探索自己的未来！

附（摘自青岛二中2019级人文MT班级公众号）：

暴雨和阳光之后——2019级人文MT暑期研学

序·人文MT暑期研究性学习

一

暴雨过后，天空被分割成明显的两份，湛蓝与阴沉泾渭分明、色彩浓烈。人文学子迎着那份来之不易的阳光与蓝天，开始了为期一天的暑期研学活动。

青岛电影博物馆大门

凡心所向，一苇以航
高中班主任指导学生生涯规划策略谈

二

电影·概括

"电影就是每秒24格的真实。"我们的旅途从青岛电影博物馆大厅的"光影长河"开始，影像与时间的结合，让大家切身感受电影的发展历程。

电影·看点

在世界电影展厅，我们可以了解世界电影的逐步发展。从胶片时代到数字时代，一个个发明的诞生为世界电影艺术奠定了不朽的基础。在青岛电影展厅，我们看了岛城百年光影历史，从中国第一部电影《定军山》、中国第一部有声电影《歌女红牡丹》，到全国第一个商业电影院，到无数电影导演编剧的取景拍摄甚至落户，再到中国第一位影后胡蝶在青岛拍戏的场景复原，深入展现了青岛与中国电影百年的不解之缘。一部影片，讲述了中国电影的发展与未来畅想。

电影·总结

现代VR成像技术的兴起给电影电视行业注入了新的活力。在新的时代，青岛影视业也将会有新的发展和规划，而青岛也会建成"东方影都"，打造全新的影视产业。

青岛电影博物馆内景

青岛电影博物馆内景

第五章 校外生涯探索活动

三

贝壳·博物馆

一路风雨一路海,我们沿着胶州湾,去追寻大海给予的最初的馈赠。来自4.5亿年前奥陶纪的鹦鹉螺化石,向我们讲述了自然生物的神奇构造,为人类的拟态发明提供了重要的生物学依据。"海贝之王"——直径一米的大砗磲,是现存世界上最大的贝壳化石之一,是暖水性珊瑚礁大型稀有双壳类软体动物,因为贝壳的华美与它的附加价值,它的"大"显得尤为珍贵。还有笋螺、法螺、龙宫翁戎螺……

青岛贝壳博物馆内景

青岛贝壳博物馆内景

青岛贝壳博物馆内景

青岛贝壳博物馆外景

凡心所向，一苇以航
高中班主任指导学生生涯规划策略谈

小小贝壳中蕴含着早期生物在原始地球的恶劣环境中的生存之道，直到如今人们也会不由得为生物内部的构造而惊叹。

短结尾·下期行程

四

走出光线略暗的博物馆，看到天缓缓放晴，正午的太阳在半边阴云中露出来。上午的行程让我们领略了人文与自然的无限风光魅力，期待下半场行程，与更多景点、更多精彩的会面！

青岛二中2019级人文MT研学合影

匆忙的午饭过后，天气逐渐放晴。最美的建筑在中国，最好的风景在院子。赶着阳光，我们来到了期待已久的青岛市西海岸新区中国院子。

中国院子·南方院子

"瑞气高凝""梅花深处""水邑山环""鱼跃鸢飞"……院落名称优美，引得

第五章　校外生涯探索活动

同学们朗读出声；院落入口形制简单，没有多余装饰和繁杂的结构，却引得我们驻足。大大小小的院落排列紧密却又留有余隙，长廊与小巧的亭子结合在一起，以拱桥为过渡，以池塘为留白。我们仿佛漫步在山水画卷中。

中国院子·南方院子一角

中国院子·南方院子一角

中国院子·北方院子

一进大门，我们就明显感到了北方院子与南方院子的不同。与南方院子的玲珑清透比起来，北方院子带给我们更多的厚重感。一砖一瓦都堆砌得整整齐齐，墙体更高更厚实，屋顶的装饰一丝不苟，极富对称美。细致的小道种上了竹子，使得院落整体更有意韵。

中国院子·北方院子一角

中国院子·北方院子一角

凡心所向，一苇以航
高中班主任指导学生生涯规划策略谈

"园林中所安放的生活，承载着隽永的中式哲学。一个理想的院子，不求奢华，不为奢阔。于闹市取一隅净土，于繁华间守拙朴初心。"

中国院子·北方院子一角

中国院子·北方院子一角

"四季有景，三季有花；鱼戏莲叶，溪流潺潺；浮生若梦，自有春秋。"

青岛故宫文创馆

海上皇宫这个名字已经许久没听过了。直至今日，故宫文创馆的出现使它重新焕发了光彩。

青岛故宫文创馆内景

青岛故宫文创馆内景

第五章 校外生涯探索活动

青岛故宫文创馆内景

青岛故宫文创馆内景

青岛故宫文创馆内景

青岛故宫文创馆内景

海错咖啡馆

有趣的隔断屏风值得品味，薄荷色的桌椅使清凉感扑面而来，圆弧状的落地窗外是开阔的海面，脊兽冰激凌更成为同学们心中的必点网红小食。可惜时间不允许，我们无法久坐。但是有更多惊喜在等着我们。

清明上河图

展开《清明上河图》就像是展开了历史的画卷。我们对于它并不陌生，但故宫文创馆使《清明上河图》展现出更丰富的内涵。进门后的长廊，循环播放着动态的《清明上河图》，里面的人物更加活灵活现，场景更加生动；走过长廊，馆内将《清明上河图》的部分建筑与场景做了复原，使我们对《清明上河图》和背

凡心所向，一苇以航
高中班主任指导学生生涯规划策略谈

后的史实更为了解；最后，我们来到了球幕影院，坐上宋朝的一艘小船，驶入《清明上河图》中，沉浸在宋代的人文风情中，体味画卷的深层内涵。

走过暴雨和阳光，走近科学与人文，走入生活与历史。为期一天的研学中，有匆忙、有悠闲、有潮冷、有炎热。回到家后，我们都疲惫不堪，换个角度来看，又何尝不是一种充实呢？研学带给我们知识，带给我们情感与灵感的激发，也使我们懂得珍惜，学会细细体会生活，学会用更包容的心态看待不同的专业学科、不同的场景变换。期待下一次的人文研学，我们会更加成熟。

第五章　校外生涯探索活动

第二节　职业体验

职业体验是学生生涯规划的重要组成部分，即通过一定设计方案的体验，让学生提前了解相关职业的实际工作内容，避免盲目地选择高考专业。随着新高考改革制度的到来，高一选科的要求将高中生的生涯规划之路再次提前，不管是"3+3"还是"3+1+2"的选科方式，都让学生必须在高一时就提前锁定大学专业的大方向。很多学生和家长因为并没有未雨绸缪地做好生涯规划，只能照着所谓"选择了物理学科95%的专业都可以报考"的说法，盲目选择对应专业覆盖面广的学科，之后可能出现"此学科不适合自己""对此学科无兴趣""学此学科等级分低""报考志愿时其实不需要这个学科"等情况。简单来说，选科决定了大学专业方向，专业方向决定了未来职业方向，而学生对职业的了解绝大部分是模糊懵懂的，只简单地做出表面判断，更有许多陌生专业一点也不了解。因此，高中生的生涯规划越早越好，规划的渠道越多越好。

职业体验可以分为个人联系体验和集体联系体验两种。前者往往是依托学生父母的社会关系，或者直接在父母单位进行职业体验，便利性更强，不需要班主任组织，家长往往成为实际的组织者和联系人。缺点也很分明，就是这种职业体验的资源往往有很大的限制性，囿于父母社会关系的小圈子，而且不是集体前往，对方也往往只是交托给某个员工带领体验，甚至是家长亲自安排，随意性比较强。

凡心所向，一笔以航
高中班主任指导学生生涯规划策略谈

我们要重点谈的是集体组织的职业体验。当然因为人数较多，对方也会派出专人进行接洽，体验流程相对正式，内容也更为丰富。集体职业体验的组织者是班主任，辅助者是家长。本文着重探讨一下班主任对高中生职业体验的指导策略。

一、充分调动策略——资源开拓

学生的职业体验根据不同学情和不同需求，需要大量对口的职业资源，而仅凭班主任的一己之力是不可能做好的，因此要充分地发动家长，争取更多的职业体验资源。在实际生活中，高中学生去做职业生涯体验，可能会给对方单位带来一些不必要的麻烦，对方单位可能不愿意耗费人力进行接待，这就更需要家长的大力支持，在人情人脉方面给予友情帮助。以笔者带的2019级这个班级为例，高一、高二两年里安排了3次共8家单位的职业体验，涵盖的单位类型比较多，倘若没有新冠肺炎疫情的影响，我们还会安排更多的单位进行职业体验。最该感谢的就是家长提供的单位资源，无偿地给我们提供职业体验渠道和机会，为班主任的组织开展活动提供了最有力的支持，所以充分调动家长参与的积极性必不可少。

具体的做法是：先通过家委会，认真遴选出几个可以去体验的单位，然后再将此信息发布到家长群中，希望可以得到更多家长支持。做班主任的都知道，主动加入家委会的都是热心家长，能够在班级活动中热情高涨地给予支持，有他们的带头作用，在全班范围进行就容易得多。在高一结束的暑期职业体验活动组织之前，我先通过家委会群和家长代表商讨职业体验的可行性并征询体验单位，他们也给予了切实的支持，果然在家委会的带动之下，当消息放到班级家长群之后，很多家长给予了热情的帮助，总共给我们提供了十个左右单位的选择范围。家长们也给孩子们上了很好的一课——"予人玫瑰，手有余香"，帮助别人就是帮助自己。把这些单位信息整理好之后，由学生进行投票，快速统计出了孩子们最想去的多家单位，再反馈给相关家长。通过这次反馈，也就自然形成了孩子们的分组。以2020年7月笔者所带班级的职业体验为例，最终孩子们选定了五家单位——青岛出版社、都市118酒店、琅琊台酒业集团、青岛丽达集团、青岛中景设计咨询股份有限公司。因为我的班级是学校的人文团队,选科倾向偏文的学生居多,所以大多数学生选择了出版社这家单位去职业体验,这也从另一角度说明了职业体验与选科和大学专业之间存在的联系。

二、先行组织策略——预热班会

职业体验并不是联系好了单位直接让学生去走一趟那么简单,也不能完全指望对方单位全权安排,学生这边的需求、组织、准备和双方的简单对接都是必需的。所以,我先召开了一次职业体验预热班会。流程大体是这样的:介绍这次职业体验的五家单位的基本情况—分组讨论准备体验的内容和分工—上台陈述分工合作具体安排、生涯访谈问题及合理化建议等—班主任小结注意事项。

班里有超过一半的孩子都选择了青岛出版社,因为人数过多又分成三个小组,剩下的分成四个小组去其他单位体验,小组 3~6 人不等,他们分别去都市酒店、建筑设计公司、酒业集团和丽达商场。我期待这些不同的小组,在回来做总结的时候,能给其他的同学更直观的体验感受。这样就扩大了职业生涯体验的范围,将同学们只能体验一次的机会,扩大到四五倍,得到收获的最大化。

小组讨论得很热烈,学生们对初次深入职场还是充满好奇和期待的,当然讨论的主要内容还是他们须提前做的准备和每个人负责的任务。分组讨论结束之后,我让七个小组长分别上台来陈述他们的分工,比如有人负责公众号的撰写,有人负责全程的拍摄,有人负责设计问题进行生涯人物访谈,有人去准备送给对方单位的礼物。大家都根据自己的爱好与特长做了不同的分工,也能够将学校布置的比较繁杂的任务尽量简洁化,还能够凸显班级文化特色,尽量圆满地完成这次任务。我想借此传递给学生们的是,这是一个小组合作的活动,大家各司其职,就能将它做得更快更好。同时生涯访谈和职业体验并不是只有组长的事,每一个同学都应该为此贡献出自己的力量。而且学生们还展示了年轻人的创造性,他们根据自己将要前往的单位类型和特点,提出了自己的一些小创意小想法。

在班会小结时我强调了文明礼貌,毕竟我们冒昧地前往,还让人家单位专程

凡心所向，一苇以航
高中班主任指导学生生涯规划策略谈

接待本身就是一种打扰，更何况孩子们的文明素养在何时何地都不能忘却。我也对同学们要提出的问题给出了一些建议，希望他们能够认真对待这次职业体验，而不要仅仅当成一场走马观花式的活动，问题的切实性、创新性、时代性都可以展现，不要提一些缺乏水准或者毫无新意的问题。我还提议每个小组由一名同学给对方单位写感谢信，表达此行的收获和合理化建议。从我这次亲自带队前往出版社的职业体验活动来看，被采访的人对于我们学生提出的问题的质量给予了高度的评价。这是因为孩子们此前认真做了思考和资料搜集，提升了问题的含金量。

最后是一些琐碎但必需的细节确认，比如交通、餐饮、安全、与对方的接洽、家长代表的陪同，还有最后任务的总结等，都需要班主任老师进行提前设计，才能获得一个比较圆满的结果。我们的青岛出版社职业体验小组多达28人，要提前联系好租车事宜，其他3~6人的小组则是自行前往或者由带队家长帮忙接送，家长们也非常热心和负责，比如我带队前往的建筑设计公司，负责联系接洽的家长用了两部车帮助孩子们出行，还安排好了孩子们的午餐。还要事先请对方单位给出一个简单的职业体验流程表，让学生提前了解参观程序，比如几点到达，对方接待的人员是谁，我们可以进行哪几方面的参观交流，可以采访到的人员是谁，可能会有一些什么样的收获，午餐及返程安排，等等。然后再根据对方提供的参观体验流程，转达学生的一些期待，将流程进行小范围的修正。比如有的单位没有留出学生提问的时间，有的单位没有安排接受生涯访谈的专业人员等，都可以在我们的补充要求下得到合理的满足。这样时间安排紧凑，学生不会茫然无序，对方也能更清楚我们的需求。

三、跟踪探察策略——深入指导

班主任在条件允许时，尽量亲自陪同学生进行职业体验，这样有利于更好地发现问题，有利于做好下一次更精准的职业体验指导。因为老师其实比较熟悉的只是教育行业，对其他很多行业并不十分了解，跟着学生进行职业体验，也是老师更好地了解社会上其他行业的重要机会，这样今后做职业体验指导时可以更加

第五章 校外生涯探索活动

有的放矢。既然职业体验是生涯规划的重要一环,那么班主任还有一个重要的任务,就是指导学生做填报志愿的前期准备。填报志愿并不是到高三才开始考虑,高一就应该开始考虑相关的生涯指导,比如高一选科,比如大学专业,比如就业方向,比如职业前景……三年时间可以做很多重要的工作,尽可能地降低学生选择专业志愿的盲目性。班主任个人对行业了解越多,也就可以越精准地给出学生建议或解答他们的疑惑,这样学生对行业的理解就不会特别模糊和表面化。

2020年7月的这次职业体验我跟随了两个小组,一个是出版社的小组,另一个是建筑工程设计公司的小组。对于出版社我个人还是比较了解的,但是对于建筑设计、工程设计方向,我了解不多。经过这次职业体验,我有了更加清晰的认知,对建筑学、土木工程、室内设计、环境艺术设计、城市规划等一些更细的专业分类有了更清晰的了解,自觉受益匪浅。以青岛中景设计咨询股份有限公司职业体验为例,我和两位自愿前往的家长及6名同学,在约好的时间集合完毕之后,对方的接洽人员进行了热情的开场介绍,我边听边为同学们拍照。在大厅参观完之后,我们进入的小会议室,先由一位负责人给我们用PPT详细介绍了设计公司的不同岗位、不同职称、负责的不同工作,涉及的大学相关专业和市场运作,等等。接着安排一位专业设计师作为孩子们的访谈对象,从其学业完成开始到一系列的职场打拼过程,在听完他对孩子们的十几个问题的回答之后,我们也对这个职业有了更直观准确的认识。然后我们参观了设计公司的工作环境,布局虽小,但分工明晰。最后公司还为每人赠送了小纪念品,而同学们也庆幸带来了团队特别定制的班徽小熊吉祥物作为回赠,同学们与相关人员合影留念后,我们愉快地结束了这次体验。

其实如果不太打扰对方单位的话,职业体验多持续几天,能伴随工作人员亲眼看到他们的工作流程会更好,但这是最难的一步,毕竟正规的工作单位不方便安排专人长时间接待学生们的体验,尤其是对专业技术要求较高的单位。所以,双方的过程对接、孩子们的前期准备尤为重要。

凡心所向，一苇以航
高中班主任指导学生生涯规划策略谈

附：中景设计公司接待单

青岛二中学生职业体验活动时间安排			
时间：7月9日	地点：中景设计创意中心	安排	辅助准备
9：00—9：15	一楼大堂	致欢迎辞，并介绍设计院主要设计作品	屏幕欢迎辞，作品展示墙
9：15—10：20	一号会议室	不同专业设计师的分工、工作流程、职业规划	相关PPT
	一号会议室	公司介绍、组织框架、企业文化等	相关PPT
	一号会议室	设计师职业分享1~2名	安排设计师
10：20—10：50	环艺所、建筑所、规划所、结构所、设备所、室内所、视觉所	实地参观体验设计师的日常	
10：50—11：00	空中花园、地下立体车库、地源热泵	参观获奖设计作品——中景设计创意中心	
		欢送及发放小纪念品	小纪念品

四、反馈生成策略——总结收获

一次完备的职业体验活动，应该有最初的酝酿筹划、班会的预先设计、过程的安排以及充分的总结。既然学生花费了一天的时间，家长们也付出了很多的时间、精力，甚至人情关系，才给同学们创造了这么好的体验机会，那么我们就应该充分利用，让学生得到最大的收获。所以在职业体验结束之后，如果条件允许，应该设计一堂主题班会来做总结，如果处于寒暑假至少也要发布一两篇班级公众号文章来做一次相对完整的小结。

最后反馈时，首先应该由各小组进行职业体验的流程介绍，分享他们从中得到的收获，这是最重要的部分。毕竟其他小组没有去过，对类似职业的了解要借助小伙伴的帮忙，而"收获"是一个见仁见智的东西，走马观花自然收获不丰，有备而来才容易深挖到自己想探知的层面，所以这些分享都是宝贵的第一手资料。大家可以在其他四个小组身上，看到他们感兴趣的点，对其他职业能得到一些或深或浅的了解，这样有助于自己未来的志愿选择和职业选择。至少，听听大家的分享也会比自己想当然的理解要深刻得多。当然，还应该有班主任的最后点评，表扬学生们认真的态度、费心准备的过程、圆满完成的结果，也可以对其中可以做得更好的方面提出建议。

最后补充一点，在我的提醒下，每个小组都事先准备了礼物，主要是同学们的才艺成果——书法、扇子画等，班级还集体定制了绘有班徽的小熊，对方单位也给学生们准备了小礼品，收到我们的礼物，对方单位表现出了惊喜。事后大家对此深有感触，无论如何都是我们叨扰了人家，用小礼物表达感谢是应该的。这也算是踏上社会的一小步吧。

附（摘自青岛二中2019级人文MT班级公众号）：

做一个文化的发光体——记2019级人文MT职业体验（一）

"看那象奔马走、鹿伏鸡鸣；看那风动火腾、花开树摇……"，我们的职业体验从一本图书开始——《云冈石窟全集》。上午9点，同学们在青岛出版集团的一楼大厅集合完毕。首先在负责人的带领下，我们简单参观了出版集团的艺术馆和荣誉室，观看了介绍影片，对此单位的发展历程有了初步的了解。接下来是这次职业体验的重头戏——与《云冈石窟全集》的编辑申尧老师进行的面对面交流与提问。

青岛二中2019级人文MT研学合影

青岛出版社集团图书陈列

"如果说自由太抽象，飞翔便是自由的具体形式"。从石像的外表、相貌，到其中寄托的文化、精神，申尧编辑带领我们穿越时间与空间的概念，细细品味这中间蕴藏的文化魅力。

凡心所向，一苇以航
高中班主任指导学生生涯规划策略谈

在这之后，同学们针对自己感兴趣的问题进行了提问，编辑老师具体耐心地一一解答。

吃过午饭，同学们坐大巴车来到如是书店进行志愿者服务活动。好奇地戴上蓝牙耳机后，大家在工作人员的引导下进入如是书店，开始了这场有趣的短暂旅行。首先映入眼帘的是一个写满了签名——有袁隆平爷爷和孙先亮校长——的柱子，它被玻璃保护着。接着同学们参观了如是书店里各个有意思的部分，比如手工工坊、面包店等，了解了它的一体化建设。最吸引同学们的就是如是书店的咖啡厅了，咖啡厅里弥漫着浓浓的咖啡香和学习的气息，各种各样的人在里面认认真真地学习。大家都被学习的氛围感染了，表示想住在这里。

稍做休息，我们便坐上大巴赶往黄岛区的城市传媒广场，进行云冈石窟大佛项目的参观。在这里，我们亲眼见到了等比例的3D打印复制作品，这宏伟的气势让人不禁感叹现代科技的神奇和文物工作者的苦心孤诣。这次职业体验，新奇又震撼，我们不仅看到了编辑对文化的痴迷和研究，更看到了这样庄严的石窟在海上的升起。"谁使生成貌岸然，娑婆世界起波澜。扪心五指竟何意，忍作千年壁上观。"书籍是我们手中的书籍，我们也将是书籍里的我们。书籍的背后是变化的时代，时代的眼前是不变的智慧的光芒。抽丝剥茧，正本清源，书籍指导我们知事明理；把薪助火，踵事增华，我们护佑经典代代相传。

青岛传媒书城·3D打印云冈石窟3号窟

第五章　校外生涯探索活动

青岛传媒书城·3D 打印云冈石窟 3 号窟

不欲琭琭如玉，珞珞如石——记2019级人文MT职业体验（二）

01　酒店职业体验

2020年7月6日，我们进行了为期一天的职业体验活动，上午9点，我们到达都市118酒店，在吴经理的引导下完成了打卡和岗位的分配，我和王诚翔选择的岗位是前台接待及服务，韩天祺选择的是客房整理。作为前台人员，首先要对酒店有深入了解，对房型、客房数目都了如指掌，因此，我和王诚翔首先前往空闲客房进行观察，记录下房间的具体情况，以便根据客人的需求介绍合适的房间。与此同时，韩天祺正跟着清洁人员学习整理客房的标准，等我们各自完成自己的任务，时间已近中午。

143

凡心所向，一苇以航
高中班主任指导学生生涯规划策略谈

吃过午饭，下午1点，午休结束，我们开始完成下午的任务。我和韩天祺选择了完整地铺一次床，王诚翔选择了给客人介绍崂山旅游景点。铺床听起来容易，实际上技术含量挺高，被单要怎样装最方便、最省力、最美观，褶皱要沿哪个方向抚平，枕头和抱枕要怎样摆放，浴巾要怎样折叠，这些细节都很重要，而且容易被忽视。介绍旅游景点也需要技巧，既不能太长使客人厌烦，也不能太短介绍不全面，要在短短5分钟内成功引起客人的兴趣，是很不容易的。在酒店工作人员的帮助下，我们都成功完成了任务。

职业体验活动是让我们提前与社会接轨的一种方式，让我们提前体验社会的复杂和辛苦，这次职业体验，我不仅与这个社会浅显地碰了个面，也学会了很多有用的知识，比如话术。

这一天的劳动，我收获很多。首先，我充分认识到了客房服务的不容易，打扫卫生也是这样，以后在家里，我要主动承担打扫卫生的任务，分担家长的工作量，让家人不那么劳累，在班里，我要珍惜同学的劳动成果，不破坏公共卫生环境，适当地帮助值日同学打扫卫生。其次，在打扫一个个房间的过程中，我发现有的人退房后房间里一团糟，垃圾丢得到处都是，但有的客人能把东西整理一下再退房。我觉得这是个人素质和责任意识的体现。虽然没有法律明文规定我们要将房间打理得整整齐齐后再退房，但还是不能把房间搞得太乱。先前我旅行住酒店时虽然有换位思考，尽量让房间整洁一点再离开，但我还是低估了清洁房间的难度，因而做得不是很到位。今后我一定要加强自己的修养和责任意识，尽力给他人方便，减少别人的麻烦。此外，在学习打扫房间的过程中，教我的阿姨并没有嫌我手笨，而是手把手地反复教我，让我很感动。我要向她学习，做一个有耐心、宽容大度的人。最后，在临走之前，我看到阿姨又打扫了一次我打扫的房间，反复检查了多个房间才下班，这种负责任的意识让我很佩服，我今后也要逐渐培养这种意识，成为一个负责任的人。

人生似水岂无涯，浮云吹作雪，世味煮成茶。

第五章　校外生涯探索活动

青岛二中 2019 级人文 MT 职业体验留影　　青岛二中 2019 级人文 MT 职业体验留影

02　西西弗书店 & 卖场体验

2020 年 7 月 7 日，2019 级人文 MT 六名同学来到青岛丽达购物中心，进行为期一天的职业体验活动。商场 HR 张经理热情地接待了同学们，在张经理的带领下，我们首先来到位于购物中心的西西弗书店进行书籍整理志愿活动。书店店面不算很大，但店铺装修和传统的书店风格不同，书籍配咖啡、简餐的模式，为现在商务人士商谈、父母陪孩子读书休息等，提供了更舒适的环境。书店负责人首先对店内布局、书籍分类情况，给同学们进行了详细的讲解，然后将活动进行分工。大家在最短的时间内对店铺内的陈列进行了解，根据下架书籍目录，在书架上将过期书籍下架整理，看似简单轻松的书籍整理，还是花费了同学们不少的时间。每个角落都不能错过，也许遗忘的一个视野盲区中就躺着一本你要找的书籍。事后同学们纷纷表示，以后再到书店，再不能把看过的书随手乱放，一定要物归原处，这样可以为图书管理员们减轻工作压力。

结束了志愿服务活动，我们又来到商场负一层的超市，来体验超市工作人员

凡心所向，一苇以航
高中班主任指导学生生涯规划策略谈

的日常工作。由于新冠肺炎疫情的影响，大批的消费者被迫从线下消费转移到线上消费。这就意味着超市商场配货员，需要以更快的速度，在迷宫般错综复杂的超市内找齐顾客订单的货品并完成打包，再配送到顾客手中。我们两两分组，跟随身穿员工制服的配货员完成一笔笔订单的配货。在自身体验的过程中，看到大家忙碌的身影，深刻地体会到，正是因为他们的付出，才有了今天的足不出户就可以购买到自身需求商品的便捷。

同学们通过对零售行业岗位体验后，对商场内招商中心王经理进行了专访。大家问及的问题种类繁多，就招商的谈判技巧，引进与淘汰的品牌标准，企业优势项目的发展，在新冠肺炎疫情防控期间商场应对方案与生存之道，与其他同行的竞争关系等问题进行采访，王经理给予了同学们专业、权威、详细、客观的解答。活动结束后，大家感觉自己对商业体系有了更加深入全面的认识，也意识到没有任何一份工作可以称为"简单容易"，想成功一定要付出自己的努力！

新丰美酒斗十千，咸阳游侠多少年——记2019级人文MT职业体验（三）

01　青岛琅琊台集团

琅琊台酒，是驰名海内外的青岛名牌、山东名牌，亦是中国白酒行业百强企业。对于这样的名牌企业，同学们不禁产生了许多疑问：琅琊台酒相对于其他白酒的独特之处何在？身为名牌企业，琅琊台酒自身有着怎样的企业文化？在白酒产业外，琅琊台集团是如何在其他领域开展业务的？基于这些疑惑，7月7日，四名人文学子动身前往位于黄岛的琅琊台集团，开展了为期一天的职业体验活动。

两个小时左右的车程后，上午10点左右，同学们到达位于黄岛区的琅琊台集团。在一位讲解员姐姐的陪同下，同学们开始了在琅琊台集团的学习参观。

我们从厂区的南区开始参观。首先映入眼帘的是五座高大宽敞的粮仓，用于存放酿酒的粮食。据讲解员姐姐介绍，琅琊台酒采用传统"老五甑"工艺，即用高粱、大米、糯米、小麦、玉米五种粮食混合酿造而成，其中又以高粱为主要原料；在存放粮食最多的时候，堆积的粮食会填满整个高大的仓库。

接着，我们来到了制曲车间。琅琊台酒以小麦、大麦和豌豆三种粮食混合制

第五章　校外生涯探索活动

曲，为酿酒打下了良好基础。在制曲车间的楼上，是四层储存酒曲的地方。在存放处，酒曲在微生物的作用下自然发酵，并会产生较高的温度，同学们在里面待了一小会儿便无法忍受。据讲解员姐姐介绍，温度最高时，此处可达60摄氏度左右，每名工人只能在里面工作10分钟便要出来换班。同学们纷纷表示感受到了制曲工人的不易。

随后参观的是酿造车间。据介绍，白酒酿造是在秋季开始，而夏季并不进行白酒酿造。所以当我们前来参观时，酿造车间已经停工一周了。我们在酿造车间了解了有关白酒酿造的许多知识，知道了高度白酒和低度白酒、高品质白酒和低品质白酒是如何区分制造的，收获颇多。

接下来讲解员姐姐领着我们进入了展厅。在这里我们了解到琅琊台集团及其各项产品的历史发展历程，了解了琅琊台集团的多项产业，并且切身体验了琅琊台的白酒产品。

南区的最后一程是包装车间。我们在这里参观了包装工人检验产品及进行包装的过程。然后，在讲解员姐姐的引领下，我们回到北区，到生物科技馆中进行参观学习。在这里，我们了解到琅琊台集团的企业理念、生态产品、生物科技领域及获得的各项荣誉。

最后，我们在会议室中进行了我们的提问环节。通过提问，我们基本解决了来时心中的问题与疑惑，深切地理解了琅琊台集团的企业理念与市场营销战略。

丰盛的午餐过后，我们踏上了前往琅琊台风景区的路途。"秦王扫六合，虎视何雄哉！……铭功会稽岭，骋望琅琊台。"秦始皇三巡琅琊台的故事传说自古流传，诗仙李白的这首家喻户晓的《古风》也对此进行了描述。而琅琊台的传说故事与琅琊台集团有着密不可分的联系与历史渊源。为了解琅琊台集团的企业背景，当天下午，我们在琅琊台风景区进行了深入考察研究，了解了琅琊台的历史背景，收获颇多。在琅琊台风景区，我们结束了一天的职业体验活动。

经过一天的职业体验活动，我们了解了白酒酿造的工艺流程，体验并明白了工人劳动的艰辛，学习了企业管理与市场营销的宝贵经验，并涉猎生物技术、历史文化等多个领域，相信我们不虚此行。

凡心所向，一苇以航
高中班主任指导学生生涯规划策略谈

02　青岛中景设计咨询股份有限公司

7月9日上午，青岛二中人文MT的六名同学来到青岛中景设计咨询股份有限公司，开始了为期半天的职业体验活动。首先，我们来到会议室，负责人对建筑行业现状和中景公司进行介绍后，我们对中景高级设计师——王蕊进行了职业访谈。王蕊女士详细回答了我们小组提出的关于职业现状及发展前景、工作心得等方面的问题，并给予了对建筑师职业感兴趣的同学许多建议。随后，负责人带我们参观了中景设计公司的四层建筑。

吃过午饭，我们来到了东海西路与南京路交叉口处，在人行道上引导行人，协助维护交通安全。市南交警大队的宋警官指导我们如何使用引导旗，并让"铁骑队"的交警叔叔为我们演示了酒精检测仪的使用方法。炎热的下午站在十字路口，挥舞着引导旗，虽然辛苦，但看到横穿马路的行人被制止，交通安全得到了维护，心里非常满足。

每座拔地而起的高楼大厦都是无数建筑师、工程师日日夜夜的汗水、心血凝结而成的，马路上川流不息的车辆、行人也是经过交警们的不懈努力才变得井然有序。明确自己的前进方向，尊重并理解每一种职业，挥洒汗水、坚持不懈，相信我们终能闯出属于自己的一片天地。

青岛二中2019级人文MT职业体验留影　　青岛二中2019级人文MT职业体验留影

第五章 校外生涯探索活动

青岛二中 2019 级人文 MT 职业体验留影

人文 MT 职业体验交流班会纪实

人，是生命链锁的一环。生命的链锁是无穷无尽的，它通过人，从遥远的过去伸向渺茫的未来。而在少年之时，体验更多的职业，可以体会人生百味。职业体验不仅可以开阔我们的视野，还可以为未来的职业指明方向。

今天，人文 MT 的同学们进行了职业体验的交流。由于大家时间有限，不能每一个职业都去体验一番，所以交流活动便显得弥足重要。它不仅能让参与活动的同学对自己的活动做一个很好的总结，还能让没去的同学了解更多的职业。

作为人文团队，文科相关的职业自然是大家的首选，青岛出版社一区云集了将近 30 名人文学子，三个小组一一上台展示。青岛出版社是一家城市出版社，坐落在黄海之滨的青岛，以出版大众健康、美食菜谱、医学保健、少儿成长、社科人文、教材教辅类图书为主，并出版 7 种期刊和一份日报，在出版界素来追求"社风正派、书品高洁"之境界。

之后，三个小组还去如是书店进行了志愿活动。三个小组派出张镕淇、曲瑞瑞、武雨茜和苏梓怡作为代表发言，介绍了在如是书店作为志愿者进行整理书架、学习古琴、了解飞镖运动等的感受。在场的小伙伴露出了羡慕的眼神，将目光移上大屏幕。随后，台上的同学又介绍了在黄岛青岛出版社采用 3D 打印技术等比例复制的龙门石窟。精美的佛像俯视众生，在庄严肃穆的气氛中，同学们也领略了中华文化的多元和博大。

凡心所向，一苇以航
高中班主任指导学生生涯规划策略谈

接着，参观中景设计的小组以赵樱歌同学为代表，先是介绍了在中景设计的体验，包括设计要素、学历、所获的奖项等，随后又讲述了和"铁骑队"一起维护交通秩序的历程。全体组员表明了对交警的敬意以及对遵守交通秩序的决心。

韩天祺同学代表前往都市118酒店的同学上台进行展示，他用诙谐的语言细致地介绍了在酒店管理服务工作中的经历。最后谈及感受时，他表示自己对酒店的管理服务有了更深的了解，还知道了如何利用新型的科技产品进行更好的个性化服务。

刘俊瑞同学谈及职业体验时表示，去丽达商场的销售体验让他们更深入地了解了这一职业的辛苦与不易，尤其是在新冠肺炎疫情的冲击下，店员面临更大的挑战。一张张照片中，可以强烈感受到人文少年对于一个新的职业的好奇与热爱，充满活力，青春洋溢。

压轴出场的孙宇辰同学台风时而严肃，时而幽默，一张张照片将同学们带入了琅琊台酒厂的车间，几张品酒图逗得大家哈哈大笑。在轻松愉快的气氛中，孙宇辰同学又引出自己对于职业体验的思考和感受，赢得了阵阵掌声。

通过这次职业体验展示，同学们不仅体会到了不同职业的苦与乐，而且感受到了在社会上行走的魅力和职业劳动的价值。这次体验让大家对未来职业有了方向，有了努力的目标，与其怕将来自己会碌碌无为，不如现在就开始行动。李小龙说："我不怕学过一万种拳法的人，但我怕把一种拳法练习一万遍的人。只要肯付出定会有所收获！"没有人能随随便便成功，我们只是看到成功人士精彩辉煌的一面，其实背后的艰辛和努力又有多少人知道。所以不管选择何种职业，成功都不是偶然的，努力才是必需的！希望同学们朝着自己向往的职业去努力，活成令自己骄傲的人！

青岛二中2019级人文MT职业体验总结班会　　青岛二中2019级人文MT职业体验总结班会

第三节　生涯人物访谈

访谈是管理咨询获取信息常用的一种方法，对中学生来说也不是一个陌生的名词。不管是传统纸媒还是电视、新媒体节目，都有对各种人物的访谈栏目，《杨澜访谈录》《鲁豫有约》《开讲啦》等都是著名的访谈节目。通过对生涯人物的访谈，了解职业岗位的实际工作情况，获取相关职业领域的信息，进而判断是否真的对该工作感兴趣，是生涯访谈的基本目的和功能。当然，基于高中生的不稳定因素较多，对生涯人物的访谈也可能较为稚嫩不全面，但对社会经验匮乏的高中生来说，生涯访谈仍不失为具备生涯规划导向作用的有效手段之一。

笔者所在的高中要求学生利用寒暑假来做生涯人物访谈的活动由来已久，每一届学生都提交过优秀的生涯访谈报告，集结起来对后面的学弟学妹来说也是一笔财富，不过别人做的东西自己终究不会印象太过深刻，所以还是建议不管是个人还是小组，亲自去认真访谈一个生涯人物是非常必要的。

对班主任组织和运作生涯人物访谈有如下建议：

一、指导学生选定职业领域

职业，看起来与学生相距较远，但是"男怕入错行"的古训从侧面告诉我

凡心所向，一笺以航
高中班主任指导学生生涯规划策略谈

们职业选择的重要性，我们都希望对未来自己从事的职业是不会倦怠甚至是热爱的，而不是对自己的职业态度始终都是懵懂状态或者无所谓的心理。新高考专业优先的志愿填报方式与职业选择息息相关，没有了专业调剂的烦恼和担忧，从大学志愿到职业领域的跨越愈加明晰和顺畅。所访谈的职业，应当是符合自己的兴趣、能力、价值观等职业倾向的职业领域。通常学生不会选择毫无兴趣的职业来体验，有自己一直心之所愿的职业最好，没有的话要么是在多项选择状态下的试探，要么是随大溜的至少不讨厌的合作。从事后学生的访谈报告来看，多数学生会进一步明确自己想从事的职业走向，但也有极个别学生因为了解反而放弃了之前想学的专业，这都是好事，不盲从、不冲动，坚持或放弃都有自己的理由。在笔者2019年所带的班级里，偏向学法律专业的学生数量不少，2021年7月，我带着高二时的他们集体进行了一次律师事务所职业体验，同时让学生对律师进行了一次生涯人物访谈。律师的生活不一定都是光鲜，有位律师经过转行才获得律师资格，其奋斗过程非常励志；律师也有不能选择的无奈，比如有时必须为有恶劣行径的犯罪嫌疑人辩护，只因那是他的权利；律师除了大的案件和事务，也要穷于应付日常琐碎事务；律师也要面对非常困难的时刻，如连打三场官司都失败的时候，干到四五年还看不到希望的时候……回来后，那些原先对法学专业有兴趣的学生还是坚持自己的专业倾向，同时在对专业的了解上加深了不少，不再只限于皮毛。

二、形式自定

形式自定，既可以单人采访也可以小组合作，既可以面谈也可以线上访谈。

单人采访从形式上来说更加便利，这可能与人脉资源的熟悉程度有关，也可能是被采访者更愿意接受私密一些的提问，还可能是职业领域相对冷门，喜欢的学生并不多。小组合作的访谈形式更为常见，与志趣相投的同学，组成合作小组，更有利于实现人脉资源的共享，问题的补充整理、访谈报告的多角度观点形成、心得反馈的差异性互补，都使得小组合作式的访谈更加全面，更具有指导意义。

如我们去中景设计公司的小组访谈，全程 6 名学生，其中 2 人负责主要提问，而这两人也是这个小组中对建筑设计类职业最感兴趣的学生。他们参考了学校提供的访谈模板，同时加入了自己的思考，在被采访人回答后，因为准备得充分，还能追加问题。有趣的是，在这次生涯人物访谈的职业体验后，这两名负责生涯访谈的同学，那名男生继续对建筑设计保持兴趣并将其作为未来的高考志愿选择专业之一，而那名女生却打起了退堂鼓，她所见的建筑设计人员过的不是她理想中的职场生活，经历过这次近距离接触，她想放弃之前憧憬的专业。为此她也有犹疑、迷茫甚至痛苦，受她妈妈所托我还单独找她谈话，提醒她得看到理想与现实的距离，也要明白未来的不确定性，进一步疏导其心理，不至于陷入理想幻灭的情绪中而心态失衡。

相比于线上访谈，面谈效果肯定会更优。如果条件允许，笔者通常建议学生在职业体验过程中加入一个当面访谈的环节。在面与面的交流中，双方的互动可以更亲切自然，被采访人的特点能被更清晰地记录，学生的追加问题可以更自由高效。假如当天时间不够，或者被采访人不太方便，再或者被采访人身在外地，那么就可以采用线上采访的方式。线上采访的优点是时间灵活，被采访人可以选择的余地相对更大，甚至可以经由家长找到采访名人的机会，这又是不可多得的机遇了。

三、指导学生做好访谈前的相关功课

因为时间有限，而且被访谈人或多或少地会"轻视"中学生的访谈，认为他们不太能提出有价值的问题，所以明白自己"劣势"的中学生更应该积极做好功课，正式访谈前，应收集生涯人物的信息、该职业的信息，提前设计问题。通常，学生对职业的了解往往聚焦于一些光鲜的外表、成功的经历、发展的现状和对未来的憧憬，换言之"丰满的理想"是他们脑中常常浮想联翩的画面，而"骨感的现实"才是在职业体验生涯访谈中真正要面对的。同时，所提问题的"专业"与否也是判断访谈质量高低的重要因素，作为学生当然不可能比职场中人更专业，但是学

凡心所向，一笺以航
高中班主任指导学生生涯规划策略谈

生也有学生的优势，他们的创新火花更加炽烈，他们的构想设计更为大胆，他们对时代变化的把握更加前沿，所以从创新的角度出发，可能更容易获得对方的认可和欣赏。在采访《半岛都市报》的一位主编时，学生准备充分的问题就赢得了主编的赞赏。

学生问："在新媒体等的冲击下，您对传统媒体或您的职业的前景展望如何？能否给想从事相关职业的同学一些建议？"

主编答："不管新媒体如何发展，传统媒体不会过时，两者最终会达到融合的效果。这两者各有特点，起到相互促进的作用，而不是此消彼长、你存我亡。不管形式如何，媒体人都应坚持内容为王。建议想进入媒体行业的同学先进入传统媒体锻炼写作等能力，培养自己的基本新闻素养。"

学生问："作为新闻工作者，在面对不同领域的专业知识时怎样应对？"

主编答："当记者要当一个'杂家'，所涉及的各个领域的知识应该都懂一点。作为记者不能只会写擅长领域的报道，其他领域也要从容应对。如果要在自己不擅长的领域采访，应在采访之前进行资料查找、下功夫研究，才能在采访的时候游刃有余。"

四、生涯人物的选择不要只局限于成功人士

学生容易对所谓的成功人士生起仰慕之意，其实不论是站在金字塔的哪一层，都是现实的人生，而且毕竟站在金字塔顶的人凤毛麟角，学生的访谈应该务实，对各行各业不同层次的人物都可以做广泛的了解。初入职场的青涩或艰难、中年人士的成熟或重压、暮年人生的通透或豁达，都能让我们的学生有不同的收获。学生做生涯访谈的目的并不是指向事业成功，毕竟那是一条遥远的路，而是让学生对"职业"有一个较为明晰的了解，决定将来选择与否。生涯人物的求学、工

作、家庭、特别的人生经历，都可以成为访谈的内容。对大多数学生来说，那些带有普适性意义的问题更有价值。如：

学生问："成为律师需要具备什么样的特质？"

律师答："① 懂法律知识（考律师资格证的基本条件：本科或研究生法学专业）② 完成司法考试；③ 业务推广能力，把自己推广出去，让别人喜欢你、接受你。"

学生问："性别会不会对从事律师行业有一定影响？"

律师答："会有一定影响，律所现在女生偏多。客观原因是女生考过司法考试的人数多，并且女生有天然的沟通优势；劣势是女性需要阶段性时间照顾家庭。但性别不是我们实现梦想的障碍。"

学生问："大学的差别对法律从业会有影响吗？"

律师答："会有影响。法学院五院四系成为招聘热点，现在律所招聘都有最低学校要求。"

五、生涯访谈结束后应有反馈与交流

学校通常会把生涯访谈活动安排在寒暑假，开学初会要求学生上交生涯访谈报告，班主任可以组织班会或者利用班级公众号择优展出生涯访谈报告。与职业体验类似，每名学生能亲自参与访谈的对象并不会很多，所以及时地交流可以拓宽了解面。反馈是一个深挖和思考的过程，能够让学生除了现场聆听还有一个事后咀嚼的过程，这样可以加深他们对访谈对象的印象和对该职业的了解。下面选择两份生涯访谈报告来做一下具体展示：

凡心所向，一苇以航

高中班主任指导学生生涯规划策略谈

附：

生涯人物访谈报告模板（一）

访谈职业的名称		室内设计		采访小组所在班级	2019级人文MT	访谈时间	2020-07-09
小组成员及分工	朱桂萱：撰写问题，对人物进行采访，核对确定最终稿 赵怡然：对采访音频进行整理，完成访谈报告						
职业资讯	受访者的基本信息	姓名	赫虹量	年龄	45岁	性别	男
		学历	本科	从业年限	21年	职称职务	设计总监
	该职业的工作资料	工作场所	在家或者是在公司	工作时间	不固定，按照甲方布置的任务确定	薪资	与公司的业务量有关，与自身能力有关
		加班情况	不固定，按照甲方布置的任务确定	休假情况	根据客户的需求灵活调整，周六周日工作较多	福利	五险一金
	入职条件	学历要求	本科毕业或专科毕业	能力要求		创新动手能力，不断学习的能力	
		人格特质要求	人际协调的交往能力，亲和力，创新能力	特殊条件限制		不能是色盲、色弱	
	该职业的人才供需状况	供大于需，有竞争					
	该职业的发展展望	设计需要灵感，需要对美的捕捉，这个行业难以被人工智能所代替，未来随着网络的发展，设计会随着网络进一步发展，该职业的发展前景比较光明					
	学校哪些课程对此职业有帮助	室内设计与建筑有一定的联系，对物理学科的学习以及数学学科的空间想象能力和计算能力有一定要求					
院校与专业信息	开设相关专业的高校与历年在山东省的招生情况	清华大学美术学院：全国招生，不按省份划分名额 中央美术学院：全国招生，不按省份划分名额 江南大学设计学院：全国招生，不按省份划分名额 西安美术学院：全国招生，不按省份划分名额 浙江大学：6人					
生涯经验	您为什么会选择该职业	这个职业与美术相关，并且较实用，与生活联系较大，较好就业					
	分享您的工作经验与心得	在工作中建立起信心，总结过往，将过往的工作经验运用在如今的工作上，要不断地鞭策自己，不断创新，不断学习。日常生活中的每一点积累都可以运用在创作上，灵感的汲取来源于日常生活					

第五章 校外生涯探索活动

续 表

访谈职业的名称		室内设计	采访小组所在班级	2019级人文MT	访谈时间	2020-07-09
生涯经验	分享您的生涯发展历程	做过一段时间的美工，在公司的建筑工地上工作过，在公司的经营设计部门待过1到2年。通过设计的文案调到了设计部门，做的设计文案被甲方看中。然后在设计中心继续做室内设计。做过酒店设计，辗转各个公司，如今在公司做家装设计				
	分享您未来的生涯规划	通过合适的项目，走向管理层。通过培养，组织年轻人来进行设计				
	如果我有兴趣将来从事此工作，您对我有哪些提醒和建议	自己的职业生涯要有详细规划，可通过网络来观看学习世界上著名设计师的作品，拓宽自己的思路，扩展自己的眼界。善于学习、欣赏别人的作品。在工作中要树立对工作的信心，要保持对工作的热情，脚踏实地，稳步向前。从生活中学习，从生活中汲取灵感，通过观察周围的建筑物，通过了解他们的色彩构成、材料构成来学习完善自己的作品。劳逸结合，提高工作效率，注意身体状况				
该职业一天的工作状况实录		9点上班，上午完成公司的工作，中午有一定的时间休息，下午5:30下班				
对艺考的建议		要保持学习的激情，对美术的热爱，不要让自己出现短板。让美术的学习与文化课的学习平衡发展，培养对文化课的兴趣，重视文化课。不要给自己过多的压力，树立信心，充分利用时间提高效率				
心得体会	朱桂萱： 通过对赫叔叔的采访，我了解到室内设计这一行业的工作状况、对人才的能力要求、须具备的人格素质等。设计行业是一个特别的行业，设计师的工作需要最大限度地满足甲方的需要，用自己创新的思维，不断做出更优秀的作品。对艺术的热爱和对设计行业的向往，使我决定通过艺考进入优秀的大学，将来从事设计这份职业。设计师不仅要有过硬的专业能力，也要具备良好的沟通能力和敏锐的观察、学习能力。现在的艺考竞争激烈，而我们能做的就是在高中时期明确自己努力的方向，平衡好文化课与专业课的学习，在生活中不断从名家的设计作品里学习。今后我应该努力向这些方向靠近，锻炼自己的综合能力，最重要的是抓紧文化课和美术的学习，从一点一滴开始不断进步。希望在将来，我能够如愿踏入我所向往的行业，在设计领域做得更好					
	赵怡然： 如今艺考生越来越多，选择艺术的道路是我从初中开始就已经确定的。通过对赫叔叔的采访，我了解到了室内设计的一个具体的工作状态，也让我更加确立了进行设计领域的学习的决心。从事这一行，不仅要有对艺术的热爱，对自己不断地鞭策，肯努力的决心，还要有良好的人际交往能力，要懂得与甲方沟通。这都是我今后要不断努力提升的地方。现在的我更应该做好文化课与美术课的学习，要平衡协调这两者的关系，做到相辅相成。任何成功都不是一蹴而就的。如今的时代，网络迅速发展，人工智能崛起，但与艺术相关的工作永远不会被冰冷的机器所代替。这是一个最好的时代，网络发达，全世界的设计师共同学习，相互促进。灵感应来源于生活，从生活中的细节入手，要有一双会观察的眼睛。设计行业的竞争越来越激烈，但思维的碰撞更会擦出灵感的火花。设计行业对我来说是神秘的，是向往的，我要不断地提高自身的能力，不断学习进步					

凡心所向，一苇以航
高中班主任指导学生生涯规划策略谈

生涯人物访谈报告模板（二）

访谈职业的名称		景观设计师		采访小组所在班级	2019级人文MT	访谈时间	2020-07-09
小组成员及分工		潘致远：访谈问题的编写与整理、填写访谈报告					
		张家仪：联系访谈人员、访谈问题提问；梁金融：访谈问题编写；太雨晴：填写心得体会；王钰瑢：录音、填写心得体会；赵樱歌：编写访谈问题					
职业资讯	受访者的基本信息		姓名	王蓉	年龄	39岁	性别	女
			学历	硕士研究生	从业年限	11年	职称职务	中级工程师
	该职业的工作资料加班情况		工作场所	人居环境所	工作时间	周一到周五 8:30—17:30	薪资	底薪每月7000~8000元
			加班情况	因业务量决定，经常加班	休假情况	双休，年假5~10天	福利	节假日、生日等均有福利
	入职条件	学历要求		本科、硕士		能力要求	专业能力、沟通能力	
		人格特质要求		吃苦耐劳、百折不挠、专注、乐观		特殊条件限制	无特殊条件限制	
	该职业的人才供需状况			相对平衡，但跳槽率高				
	该职业的发展展望			随着人们生活水平提高，对居住环境要求不断提高。小区改造、新建、口袋公园、山头公园等都需要景观设计，发展前景广阔				
	学校哪些课程对此职业有帮助			绘图技术软件可以提前学习、掌握				
院校与专业信息	开设相关专业的高校			北京大学、清华大学、同济大学、北京林业大学、南京林业大学、华南理工大学、天津大学、东南大学、哈尔滨工业大学、中央美术学院、华中科技大学、四川大学、湖南大学、西南交通大学等				
生涯经验	您为什么会选择该职业			因对景观设计感兴趣，所以选择投入该职业。坚信兴趣是最好的老师				
	分享您的工作经验与心得			刚踏入社会，作为一名晚辈一定要对前辈尊重，不能斤斤计较。前辈布置的任务要按时完成，毕竟前辈有经验，都是一点点过渡上来。不能恃才傲物。要调整好心态，面对甲方要学会"忍耐"。景观设计是开放性较强的职业，所以沟通就格外重要。放低姿态，不要给自己设置绊脚石				

第五章 校外生涯探索活动

续表

访谈职业的名称		景观设计师	采访小组所在班级	2019级人文MT	访谈时间	2020-07-09
生涯经验	分享您的生涯发展历程	一开始是中专毕业，学习专业为麻醉师，当时的就业是包分配，自己感觉不太好。后来机缘巧合有机会留学日本，然后从零开始就读语言学校，重新选择专业。根据自身条件和对景观设计感兴趣，所以选择该职业。在留学期间打工来减轻家里负担。回国后进入中景设计公司				
	分享您未来的生涯规划	考虑年龄、家庭等因素，公司待遇等各方面很稳定，任职时间也很长了，没有跳槽的想法。毕业后，经过几年的努力，由初级工程师到中级工程师的晋升比较顺利，今年应该就晋升为高级工程师了				
	如果我有兴趣将来从事此工作，您对我有哪些提醒和建议	现在网络发达，可以从网上寻找很多相关知识。而且软件的话可以先学习。跟甲方汇报的时候PPT等这些基础的都要学习，对尽早上手可以有很大的帮助				
该职业一天的工作状况实录		我们是上午8:30上班，8:00之前必须来到公司，然后要先"沉淀"一下，尤其是手头上有工作的前提下必须先把之前的内容继续下去。现在我手头上的工作是去年的项目重新改造，西海岸那边城区的改造，从出方案，到画施工图，然后开始进现场，跟现场的施工方确认一些方案能不能实现，等项目快结束时还要有竣工图。一期、二期工程都在进行，手里面不可能只有一个项目，所以时间要自己合理分配。一天中最常做的就是画图，再就是和甲方沟通、现场确认。有时候也会一直在施工现场工作，但此种情况较少				
心得体会		太禹晴： 通过此次访谈，我们大致对建筑设计这一职业有了一定的了解。首先，想要从事这个职业需要有足够的耐心，从五年的大学本科开始学习，再到入职后经历十多年才能晋升为高级工程师，资历是这个行业中一个非常重要的标准。其次，我们所采访的设计师提到这个行业不可避免地有许多与甲方沟通交流的需求，这需要设计师有良好的交际能力。同时，从事这个职业会面临很大的责任，我们了解到目前大部分的建筑会要求设计师签署终身责任书，对建筑的质量永远负责，这也需要很强的责任意识与认真严谨的工作态度。据王蕊设计师介绍，目前设计师一职寻找工作相对比较容易且待遇较好，薪资高低主要取决于设计师自身的工作效率，是选择职业一个不错的选择。我们认为设计师这个职业是比较辛苦的，项目是否紧急会直接影响到加班时间的长短，但是根据访谈也可以看到这个工作的付出与回报是基本成正比的，所以对这一职业感兴趣的同学也可以进一步了解，带着热诚的心对待这一职业				

凡心所向，一苇以航
高中班主任指导学生生涯规划策略谈

续表

访谈职业的名称	景观设计师	采访小组所在班级	2019级人文MT	访谈时间	2020-07-09
心得体会	王钰瑢： 通过今天的职业体验，我了解到了建筑师的辛苦，也体会到了他们为梦想奋斗的美好。建筑师并不是我想象中光鲜亮丽又轻松的职业，他们工作中有时须日夜守在电脑前盯着屏幕绘制图纸，劳神费力；有时须实地考察，与工人们一起在工地挥洒汗水，身心俱疲……每座拔地而起的高楼大厦背后，都是无数建筑师、工程师日日夜夜打磨研究的心血凝结而成；再朴实无华的住房，都是建筑师以职业道德和专业技能为居住者立下的终身担保。也许，在寻找自己职业方向，甚至在工作时，我们也会有迷失和彷徨。但请记住，人生不是百米赛跑的竞速游戏，这条漫漫长路上最后的同行者终究只有自己。为自己的热爱，沉下心去慢慢磨砺，尽情挥洒汗水和梦想，终有一天，它将绽放出耀眼的光华				